暮らしと世界のリデザイン

成長の限界とその先の未来

山本達也
Tatsuya Yamamoto

花伝社

暮らしと世界のリデザイン——成長の限界とその先の未来◆目次

はじめに

本書のタイトルは、『暮らしと世界のリデザイン――成長の限界とその先の未来』である。タイトルを決定するまでに、随分と悩みもしたが、振り返ってみると本書の内容を的確に表したタイトルに落ち着くことができたと思っている。

普段の日常生活を表す「暮らし」と、地球全体を包み込む「世界」とでは、随分と離れているように感じるかもしれない。でも、この両者は確かにつながっている。一人ひとりの生活があって、それらの積み重なりが社会を形成し、世界を形作っていく。

ミクロとマクロはつながっているはずであるし、お互いに影響を及ぼし合っているはずである。ただし、どのようにつながっているのかというカラクリは、意外と解明するのが難しい。ミクロの集合体がマクロになるという単純なものでもないし、マクロを分解していけばミクロが立ち現れるかといえば、そうでもない。それでも、両者はつながっているし、影響し合っている。

一人ひとりの暮らしの変化は、やがて世界を変えていくことになるし、世界に変化が訪れれば、一人ひとりの暮らしも変わっていくことになる。詳しくは、本書を読み進めてもらいたいと思うが、結論を先に述べれば、今、世界は大きな転換点を迎えようとしている。文明論的な巨大な転換点であるし、避けて通ることはほとんど不可能である。その波は、ごく普通の生活を送る、一般の人々をも巻き込むほどの大きさである。そうなれば、否が応でもわれわれの暮らしも変わらざるを得ない。最終的に、個々人が、これからの時代をどのように生きるのかが真剣に問われることになるであろう。

もっとも、そんなことを改めて言われなくても、おそらく多くの人が、薄々と世界の変化を感じているはずである。この先の未来が、今の生活の延長線上にあるという仮定に疑いの目を向けている人も多いはずだ。世界が、社会が変わろうとしていて、自分もまた変わらなくてはいけないであろうと悟った人にとって重要な問いは、「変わるか変わらないか」ではなく「どの方向に変わるべきか」というものである。変わることそのものが重要なのではなく、変わるべき方向をしっかりと見定めた上で歩み出す第一歩にこそ価値がある。

本書の目次を見ると、グローバル化の話から、国家の話、民主主義の話、都市の話、情報通信技術の話まで、一見脈絡のないテーマが散りばめられている。ただし、多岐にわたるテーマを論じている本書が見据えている先は、はっきりとしている。本書に貫かれているのは、「『次の時代』をどのように生きるべきか」というテーマである。そして、「次の時代」に、どの方向に向かって第一歩を踏み出せばよいかを考えるためのヒントを詰め込んだ。

激動の時代に直面し、漠然と「変わらなくてはいけないのかもしれない」と思い始めている人、世界がどう変わろうとしているのかに関心がある人、そして、どうせ変わらなくてはいけないのだったら、変わらざるを得なくなってから変わるのではなく、「暮らしと世界のリデザイン」を自分の方から先に仕掛けてみたいという意欲に溢れた人にとって、本書が有益なものになればと願っている。

序章　時代を見通す新たな視点

予測不能の時代

混迷の時代、と言われている。国際社会では、予測もつかないことが次々と起こっているように見える。イギリス国民はＥＵを離脱するという決定を下し、アメリカ国民は政治経験のないビジネスマンを大統領に選出した。全世界的に経済成長は鈍化し、ギリシャをはじめとする南欧の国では国家債務危機が喧伝され、ドイツ最大のドイツ銀行に経営破綻のニュースがつきまとう時代である。世界を暗雲が覆っており、先行きが見えにくいと感じるのも無理はないだろう。

日本国内に目を向けても、やはり先行きは不透明である。バブル崩壊後の「失われた20年」は、「失われた30年」になろうとしている。経済指標は好転しており、株価も回復しているではないかと政府は言うが、一般の国民の多くはそのことを実感できずにいる。先進国の中でいち早く人口減少もはじまり、少子高齢化に拍車がかかっている。世界的な大企業が突然業績不振にあえぐ、といったニュースにも事欠かない。

これまで人々が「あたり前」だと思っていたものが、あたり前でなくなりはじめている。これまでの「成功体験」が、通用しにくい社会がそこに生まれはじめている。「いい大学に入って大手企業に入れば人生は安泰」といった、この国で長年信じられてきた「成功モデル」も通用しにくい世の中が目の前に広がっている。どうやら、これまでに経験してきたことの延長線上に未来がある、とは考えない方がよさそうである。

「昨日と同じ今日が来て、今日と同じ明日が来る」と信じている人は、今の若い人であっても意外と多いように思われる。信じているというよりは、そう信じたいという強い願望のあらわれということなのかもしれない。だから、他の可能性について思いを巡らせることもなく、明日も今日と同じだと信じ続ける。このような頭の状態に陥っている人がいたら、その人を指して「思考停止状態」だと言われても仕方がないだろう。

とはいえ、本当に人々が考えていなかったり、思考することを止めてしまっていたりするのかといえば、そんなことはないようにも見える。テレビでも新聞でもネットでも、盛んに議論は行われている。でも、それは、「向こう側」の話としてとどまってはいないだろうか。どれだけの人が、日常の生活の中で、今起きていること、これから起きようとしていることについて、友人や同僚と等身大の目線から議論をしているだろう。おそらく、答えは「ほとんどない」または「まったくない」ではないだろうか。

そんな人でも、時には、意見を求められることだってあるに違いない。その時に、一体何を語っただろうかと思い出してみて欲しい。つい、テレビやネットで、どこかの識者が言っていたことをあたかも自分の意見かのようにして語っていた、ということはなかっただろうか。

大切なのは、自分の頭で考えることである。識者の意見は意見として、少し脇に置いておいて、他でもない自分自身の目で世界と日本を見つめ直してはどうだろう。冷静な目で、そして素直な心で向き合ってみて欲しい。

それでも、やっぱり、昨日と同じ今日が来て、今日と同じ明日が来る、という結論になるだろうか。

世界をシンプルに捉える

よくわからないけど、何か大きな転換点を迎えているような気がする、と感じた人がいれば、その人は感度が高いと思う。実際のところ、素直な心で最近の世界情勢を眺めれば、多くの人が「何かが起きている」と感じるのではないだろうか。予測がつかない状況は、人を不安に陥れる。この不安から逃れるために、人は「否認」という行動に走る。「そんなバカなはずはない」「そんなことが起こるわけがない」と思い込むことは簡単であるが、それで現実が変わることはない。

多くの人が「魔法」にかかったような状態にいるのが、今の日本ではないかと思う。「魔法」にかかったままでも、それなりにやってこられた時代はあった。むしろ、やってこられたからこそ、「魔法」の効果も長続きしたのだろう。

ただ、最近思うのは、今こそが「魔法」から醒めるべきタイミングなのだろうということだ。「魔法」から醒めた人は目の前の「崖」に気がつくが、そうでないと「崖」を認識することができず足を踏み外してしまう可能性が高い。

「魔法」の正体とは何だろう。それは、同時代の人がそうと信じている常識の中に潜んでいる。何かを常識だとして片付けてしまったとたんに、一種の思考停止状態に陥ってしまう。しかし、常識ほど不確かなことはない。常識は社会環境の変化によって、簡単に非常識となり得る。

アメリカが南北戦争を戦っていた頃、あの国では奴隷制度があった。奴隷制度を擁護する人たちは、「廃止すると社会や経済が成り立たない」「われわれの豊かな生活には欠かせない」「効率的」「必要悪」「おまえは経済の根幹を破壊しようとしているのか」と叫んでいたという。あの時代の人々にとってはこのような議論が成り立ったのかもしれないが、21世紀の今、このような議論で奴隷制度を擁護しようとする人はいないだろう。当時の「常識」は、今の「非常識」であることは多い。

ちなみに「廃止すると社会や経済が成り立たない」「われわれの豊かな生活には欠かせない」「効率的」「必要悪」「おまえは経済の根幹を破壊しようとしているのか」といった言葉を

学生たちに見せ、「何についての話だと思うか」と問うと、「原発の話だと思います」という回答が返ってくる。今は、大真面目にこのような議論を繰り返しているが、後の時代の人が振り返れば、原発をめぐる現在の議論も非常識で滑稽なものに聞こえるのかもしれない。

常識が常識でなくなることは、技術の進歩が速い分野では日常的に経験していることでもある。国際電話の通話料が高いのは常識という時代があったが、今ではインターネット回線を利用すれば、タダ同然でビデオ通話を楽しめるようになっている。同様に、写真を撮るのにフィルムを用意するのは常識だったかもしれないが、今では、カメラすら用意せず、スマホで済ませてしまえる時代である。このようなことは、どの分野でも、どの社会でも起こり得る。常識にとらわれすぎると、視野が狭くなり、見るべきものが見えなくなってしまう。

相対性理論で有名な理論物理学者アインシュタイン（Albert Einstein）が言ったとされる名言に、「ある問題を引き起こしたのと同じマインドセットのままで、その問題を解決することはできない」というものがある。「魔法」から醒めることは、異なるマインドセットを手に入れることにつながる。次の時代を、しっかりと自分の足で歩んでいくためには避けて通れないプロセスである。

「今」とは、ちょうど過去のマインドセットをリセットし、新しいマインドセットを手に入れるべきタイミングにある。これまで乗ってきた「時代の列車」から降りて、新しい時代へと向かう列車に乗り換える時期だということである。「乗り換え」だという点がポイントである。

今乗っている列車は、おそらく進むべき未来には連れて行ってくれない。途中で、故障してしまう可能性すら高い。今ならまだ、ホームの向かい側に乗り込むべき新しい列車が止まっている。乗り遅れないようにするためには、世界でどのような変化が起きていて、これからどのような世界が始まろうとしているのかと、立ち止まって思いを巡らせてみる必要がある。

よく「複雑怪奇な現代社会」と言われるが、その根本で動いている原理は実はシンプルなのではないかと思っている。表面で起きていることに気をとられて、闇雲にそれらを追っているだけでは、世界は複雑なままである。特に、現在のように情報で溢れている世の中では、氾濫する情報の渦に簡単に飲み込まれてしまう。

将来予測は困難だといわれるが、少し視点を変えてみれば、文明論のレベルでこれからの世界の先行きを見通すことは可能だと考えている。本書が試みたいのは、「これからの世界を見通すための視点」の提示である。確かに、将来何が起きるか事細かに予測することは困難であるが、どういった方向に進んでいきそうかという見取り図を考えることはできる。そのためには、今世界で起きている細かいニュースに引きずられすぎないことが重要である。

表面の雑事から離れて、世界をシンプルに捉えるためには、一度引いた視点から眺めるという作業が有効である。どの程度の時間的長さで引いて見るかは、変化の大きさと変化の原因によって異なる。今起きている様々な事象を引いた目線からシンプルに捉えるためには、それなりに長い時間を一気に振り返る必要がある。少なくとも、近代と呼ばれている時代を前提に、その範囲内をいくら注視しても全体の見取り図を描くことはできない。
必要なのは、われわれ人類がこの地球上で暮らしてきた歴史（人類史）を、そっくりそのまま振り返るというスケール感である。

本書の構成

こうした問題意識に基づいて、本書では、第1章で人類史を俯瞰的に捉えるところからはじめ、エネルギーと文明との関係から、現代社会が陥っている「成長信仰」について考える。人類史のスケールで考えると、「右肩上がり」が常識という時代は、極めて特殊な時代であった可能性がある。

第2章では、グローバル化について扱う。コロンブス（Christopher Columbs）が旧世界と新世界を結びつけ、地球が一つにつながって以来、グローバル化は年々加速するように進展してきた。今のわれわれの常識は、今後ますますグローバル化が進展することになる、というものであるが、本当だろうか。グローバル化をめぐる常識は、もしかすると思い込みに過ぎないのかもしれない。

第3章で扱うのは、国家や民主主義をめぐる常識である。現代社会において、国家は重要な役割を果たしている。ところが、国家をめぐる近年の状況は厳しい。中には、国家が国家として存続し続けることが難しくなりはじめている国家もある。民主主義についても同様である。

これからも世界の民主化は着実に進展していくかと思いきや、「アラブの春」の事例にもあるように、そう簡単には進みそうもない。それどころか、先進民主主義国ですら、民主主義をきちんと機能させ続けていけるかどうか危ういかもしれない。国家も、民主主義も、決して「あたり前」の存在ではない。

第4章では、都市について考える。国家の歴史よりも、都市の歴史の方がはるかに長い。国家の存在が危うくなっても、そう簡単に都市がなくなることはない。しかし、ニューヨーク、ロンドン、パリ、東京といった20世紀的な大都市が、21世紀にも繁栄し続けることができるかどうかは怪しい。いったい、次の時代に注目すべき都市の条件とは何なのか。都市をめぐる常識と非常識について、考えていきたい。

第5章では、情報通信技術について取りあげる。情報化もグローバル化と同様に、「ますます進展していく」というのが常識だと思われているかもしれない。「進展」が何を意味するのかという定義にもよるが、そうかもしれないし、そうでないかもしれない。ただし、一般的に思われているような形での「進展」は難しい可能性が高い。ここでは、情報通信技術と社会の関係について、歴史的に振り返りつつ、次の時代に情報通信技術とどのように付き合っていくべきかを考えていく。

第6章で取り扱うのは、われわれ一人ひとり、つまり「個人」の存在である。これからの時代を生き抜くということは、デコボコな「悪路」を疾走するようなものでもある。国家や企業に頼り、任せる時代は過去のものとなり、あらゆる意味で個人の存在が重要となる。来たるべき「悪路」に、個人はどのような備えと心構えを必要としているのだろうか。この章では、個人の役割に注目しつつ、次の時代を生き抜くためのヒントについて考えてみたい。

変化は怖れるものではなく、楽しむものである。今の常識からとらわれた視点では「悲劇」に感じられるようなことであったとしても、開き直って次の時代を生きはじめれば、そこには新たな世界が待っている。激動の時代においては、変わることのリスクよりも、変わらないままでいるリスクの方が大きい。変わるために必要なのは、新たな視点と、自分の人生を自分自身の足で歩いていくのだという「ちょっとした覚悟」である。

以下、本書では、これからの時代を見通すための新たな視点を手に入れるべく、世界をあらゆる角度から眺めていきたい。

第1章　ポスト・イージーオイル時代の到来と国際社会

1　エネルギーから考える人類史と文明論

現生人類であるホモ・サピエンスの誕生は、10万年前とも20万年前とも言われている。その時から今の今まで、われわれ人類は、この地球上で生まれ、生活し、死んでいくということを繰り返してきた。

その意味では初期の人類も、21世紀の人類も、やっていることに大差はないものの、今と昔とでは、その置かれている環境、社会の仕組み、それぞれの時代の常識など何から何まで異なっているように見える。どの段階で、どのような変化がやってきたのだろうか。そして現在にいたるまで、何度くらいの大変化を経験しているのだろう。

もし『人類史』という名の書物があったとしたら、その初版は、狩猟採集生活にまつわる話で埋め尽くされていることだろう。人々は、小規模の集団を形成し、移住生活を行いながら生き長らえてきた。今のわれわれに、この当時のことを知る術は限られているが、数多くのドラマがあったに違いない。

実は、10万年や20万年という人類史全体を振り返ってみると、そのほとんどの時間は、このような狩猟採集生活の歴史で占められている。変化が起きたのは、今から1万年前のことに過ぎない。約1万年前に起きたのは、気候変動であった。氷河期が終わり、地球が温暖化していったのである。この時の地球温暖化（気候変動）は、人類史を大きく塗り替えるような技術を人類にもたらした。農耕技術である。

農耕技術は、万年飢餓状態だった人類にとって革命的な出来事となった。農耕ができるようになると、食糧を収穫して貯蔵することが可能となる。狩猟採取以外の方法で食糧を手に入れられるようになったことで、人々は定住生活をはじめられるようになる。

狩猟採集時代の生活が書き込まれているのが『人類史』という書物の初版だとすると、農耕が始まって以降の定住生活は、第2版（2nd edition ということになるが、本書ではこれを「エディション2（Edition2）」ないしは「エディション2の時代」と呼ぶことにしたい）という具合に版を改めて書かれることになるだろう。この時の変化は、そのくらい重要な文明論的な大転換なのである。

エディション2の時代が始まると、集落が生まれ社会が形成されるようになる。エディション1の時代は狩猟採集の時代のため、原則として社会の構成員のすべてが「食糧生産（調達）

従事者」とならなくてはいけない。ところが、エディション2の時代になり、秋の収穫を経て食糧の貯蔵が可能になると、蓄えられた食糧を消費するだけの者の存在を可能とする。必ずしも社会の構成員のすべてが、「食糧生産従事者」である必要はなくなり、ある人は道具の開発に専念したり、ある人は人々をまとめ上げ導く仕事に専念したりということが可能となる。こうして政治が誕生し、権力構造が生まれることになる。

農業生産に適した土地は、収穫量も上がる。より多くの人々を食べさせることができれば、それだけ集落の規模も大きくなる。複数の村をまとめ上げるような政治権力があれば、都市の存在も可能となる。このような過程を経て、いわゆる「文明」が世界中の複数の場所で成立するようになった。

その後エディション2的な文明は、時代を経るごとに洗練されていき、余剰食糧の存在は文化や芸術を育むことも可能とした。こうして考えると、文明を文明たらしめるためには余剰食糧の存在が極めて重要であることがわかる。余剰食糧があってはじめて、生物としての人間が生存していくための活動以外の、「無駄」に手を出すことが許される。芸術家は食糧生産に従事することはないが、余剰食糧を用いることで、社会にかけがえのない価値を生み出してきたのである。

こう考えていくと、突き詰めるところ「文明とは余剰食糧のことである」と言えそうである。そして、余剰食糧とは何かと言えば、それは「余剰エネルギー」のことに他ならない。余剰エネルギーがないところに文明が生まれる余地はない。文明のカギは、エネルギーが握っているのである。

人力から自然エネルギー、そして化石燃料へ

エディション1の時代に主に用いられていたエネルギーといえば、それは人力である。狩猟採集生活で得た食糧を食べ、それをエネルギーに変え、筋肉を使って仕事をしていた。火の使用を覚えてからは、薪（森林）もこの時代のエネルギーとして活用された。

エディション2時代も、人力と薪（森林）は主要なエネルギーとして用いられた。火を使うことで、土器や銅器、鉄器などの道具を生み出すこともできるようになり、生産性の向上をもたらした。また、農耕技術を獲得することで定住生活が可能になると、水車や風車を利用することもできるようになり、水力や風力といった再生可能エネルギーも使用されるようになった。加えて、畜産技術を獲得することによって、家畜の力を農耕に使えるようにもなった。

エディション2時代になると、エディション1時代よりも多様なエネルギーを社会が利用するようになり、社会が使用するエネルギー総量も余剰エネルギー総量も増大していった。生物としての人間を維持するために必要なエネルギーを超えた余剰エネルギーの存在が、文明成立の基盤となっていったのである。

このように人類史を振り返ってみると、文明論的な大転換と呼べるような変化を経験する時

期というものがあり、その根底にエネルギー環境の構造的な変化と、それを可能とする技術の存在があることがわかる。

同様の規模での次なる変化は、18世紀の半ば以降19世紀にかけて起きはじめる。いわゆる「産業革命」である。産業革命によって、エディション2時代とは異なるエディション3的な文明のあり方が勃興してきた。背景には余剰エネルギー総量の爆発的な増大がある。この時期から人類は、まずは石炭、次に石油、天然ガスという形で化石燃料を使い始めたのである。

エディション3時代になると、人類は農業に加えて、本格的な工業をはじめるようになった。農村部から都市に流入した人々は工場労働者となり、都市のサイズも拡大の一途をたどった。化石燃料がもたらした莫大な余剰エネルギーは、大都市の存在を可能とし、近代国民国家を成立させていった。また、車、船、飛行機などの工業製品は、人々の移動手段の拡充をもたらし世界を狭く小さいものへと変えていった。

21世紀に生きる私たちも、基本的にはエディション3時代に形作られた文明と諸制度の下で暮らしている。現在のニューヨーク、ロンドン、パリ、東京といった大都市はエディション3時代の産物であるし、アメリカ、イギリス、フランス、ドイツ、中国、ロシア、日本といった近代国民国家を基本単位として、国際社会が成り立っている。

エディション1からエディション2へ、また、エディション2からエディション3へと人類史が次のステージへと進んでいったように、その時代に暮らす人々にとっては不変不滅のように思えるかもしれないエディション3時代も、いつかは終わりがやってくる。始まりがあるものには、必ず終わりがあるのである。

したがって、問われるべき問題は、終わりがあるかないかではなく、いつその終わりがやってくるのかというタイミングに他ならない。そして、そのタイミングが「今」だとしたら、われわれは新しい視点から世界を見つめ直さなくてはいけないということになる。

2 「成長の限界」は本当にやってくるのか？

「ローマ・クラブ」（世界各国の著名な政治家、科学者、経済人などが所属するシンクタンク）は、1972年に『成長の限界』（*The Limits to Growth*）という書物を発表している。『成長の限界』が指摘する問題点は、きわめてシンプルである。彼らは、「有限な地球において無限の成長は不可能であり、このまま成長し続ければどこかで限界に直面することになるのではないか」と問いかける。

この問いかけは極めて重要である。序章で指摘したように、「魔法」にかかった状態のままでは、このシンプルな問いかけの意味するところを見失ってしまう。醒めるべき魔法の一つは、「成長」にまつわる思い込みである。

この本質を**図1-1**のようなグラフで示したのが、アメリカでシェル石油の研究所に勤務し

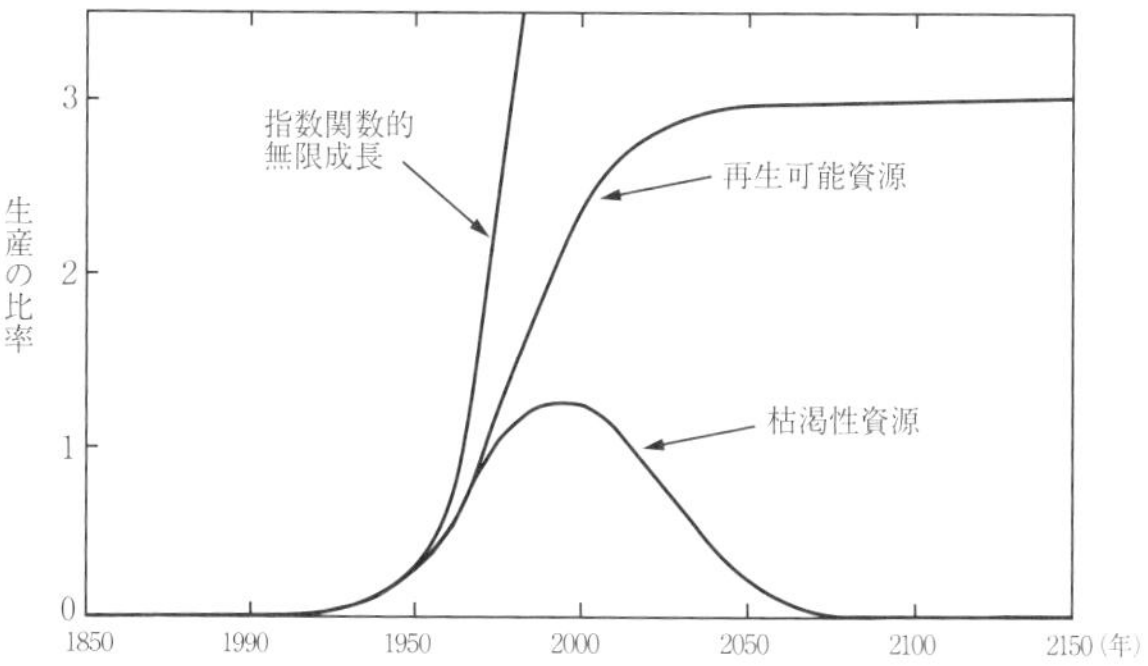

図1－1　3つの成長曲線

（出典）M. King Hubbert, "Exponential Growth as a Transient Phenomenon in Human History,"(Paper presented at the World Wildlife Fund's Conference),1976.

ていた地質学者ハバート（M. King Hubbert）である。彼が主張するように、この世の中のすべての成長にまつわる曲線は、図1－1が示すような3つのタイプのいずれかに集約される。

第1のタイプは、指数関数的無限成長（unlimited exponential growth）であり、年率何パーセントといったような形で、永遠に成長し続けようとする。典型的なのは、経済指標として使われるGDP（国内総生産）である。よくニュースで「今年の経済成長率は何パーセントでした」とやっているが、こうした年率何パーセントいう形の成長曲線は、このような形で表わされる。

第2のタイプは、再生可能資源（renewable resource）である。このタイプは、ある一定のラインまでは成長するが、その限界以上は成長することがない。たとえば、川の浄化作用や森林資源の再生スピードなどが該当する。

川に汚物が流れ込んだとしても、浄化作用によってある一定レベルまでは自然が浄化してくれる。しかし、限度を超えてしまうほど大量の汚物を川に垂れ流せば、浄化しきれず川も海も汚染されてしまう。同様に、森林の再生するスピード以下での森林伐採であれば森林が減少していくことはないが、一定限度以上のスピードで伐採を行えば、いつか「はげ山」となってしまう。

第3のタイプは、枯渇性資源（exhaustible resource）である。このタイプは、あるところまでは成長するが、ピークを迎えた後に減衰していくことになる。これには再生不可能な資源、すなわち石炭、石油、天然ガスといった化石燃料やウラン、リチウムなどの鉱物資源が該当する。重要なポイントは、「必ずピークが存在する」という点である。枯渇性資源に関しては、「一気に採って、一気に無くなる」という採掘の仕方は不可能であり、どこかの段階で産出量のピークがやってきて、その後、生産量は減少していくことになる。

森林の過剰伐採による砂漠化や地下水の枯渇、河川の水質汚濁といった問題は、第1のタイプに該当する経済成長のスピードに対して、第2のタイプである森林の再生機能や河川の浄化機能が追いついていないために起こっている問題である。いわゆる「環境問題」は、この2つの曲線の乖離によって生じている。

もう一つの深刻な問題は、第1のタイプである経済成長のカーブと第3のタイプである枯渇性資源の成長カーブとの間で乖離が生じた場合、一体何が起きるのかということである。詰まるところ、これが「有限な地球における無限成長という矛盾」という言葉が表している意味に他ならない。

私たちの認識の限界

ところがこの矛盾を、人間の脳は感覚的に理解することが苦手である。理解したくないことから目を背けるといったような話ではなく、単純に、人間の脳は「年率何パーセント」といった指数関数的な振る舞いを直感で理解することが苦手なのである。

そのことを体感するための有名な思考実験がある。この思考実験は、コロラド州立大学ボールダー校の物理学教授であったバートレット（Albert A. Bartlett）が講演する際に好んで取りあげていたもので、「バクテリア問題」と呼ばれている。

バクテリアは分裂することで増殖する。仮に1分間で分裂し、倍増するバクテリアがいるとする。このバクテリアは倍増時間1分で指数関数的に増殖することになる。このバクテリアを午前11時にビンの中に入れ、増殖の様子を観察したところ、ちょうどお昼の12時にビンいっぱいにまでバクテリアが増殖した。

ここでバートレットは、3つの問題を出す。第1問目は、「バクテリアがビンの半分まで増殖したのはいつのことか」である。答えは、なんと「午前11時59分」である（1分で倍増することを思い出して欲しい）。

第2問目は、「もしあなたがバクテリアだったとしたら、いつ頃、このままではスペースが無くなってしまうことに気づくだろうか」というものである。この問題を考えるにあたって、**図1-2**を見てもらいたい。

一体何人の人が、午前11時55分の時点（ビンの97%が空の状況）で危機的状況を認知するだろうか。おそらく、ほとんどの人が危機を認識できないだろう。仮にこの時点で危機を察知したとしても、ビンの空き容量が無くなってしまうまでに残された時間的猶予はたったの5分間である。十分な対策を立てるためには、たとえば午前11時30分頃には危機を察知しておきたいものだが、通常の感覚では不可能である。

第3問目は、「先見の明があるバクテリアが、午前11時58分に危機を察知し、午前11時59分には真新しいビンを3つ発見することに成功した。バクテリアたちは、大いに安心した。さて、バクテリアたちは、いつまでこれまで通りの成長を続けることができるであろうか」というものである。この答えは、**図1-3**に示されたとおりである。

真新しいビンを3つも発見したバクテリアは、さぞ得意満面であったろうが、根本的な解決にはならなかった。新しいビンを3つ発見したことの効用は、「持続可能性の崩壊」にいたる時間を2分間引き延ばしたに過ぎないのである。

「バクテリア問題」のテーマは、「有限な環境下（ビーカーの容量には限りがある）における指数関数的な無限成長」である。この思考実験から私たちはいくつかの学びを得ることができる。

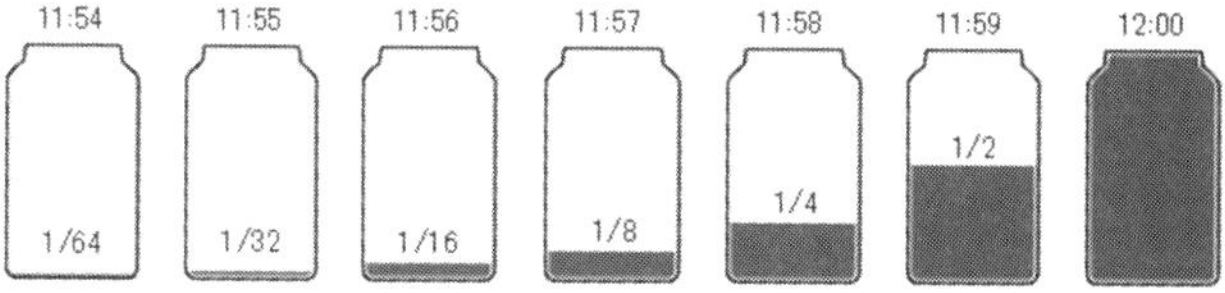

時間	ビンに占めるバクテリアの量	ビンの空き容量
午前11時54分	1/64（1.5%）	63/64
午前11時55分	1/32（3%）	31/32
午前11時56分	1/16（6%）	15/16
午前11時57分	1/8（12%）	7/8
午前11時58分	1/4（25%）	3/4
午前11時59分	1/2（50%）	1/2
正午	1/1（100%）	なし

図1－2　いつ危機的状況に気づくのか？

（出典）筆者作成。

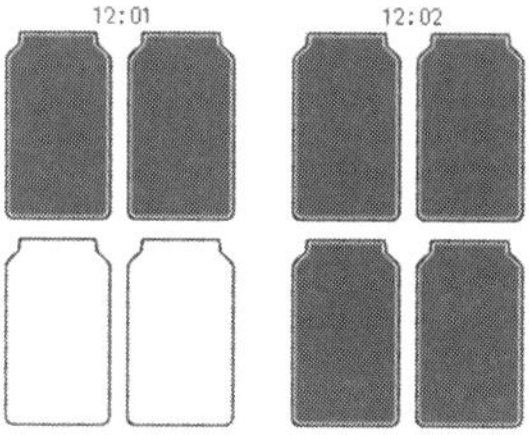

時間	ビンの状況
午前11時58分	ビン①の1/4がバクテリアで満たされた
午前11時59分	ビン①の半分がバクテリアで満たされた
正午	ビン①がバクテリアで満たされた
午後12時1分	ビン①とビン②がバクテリアで満たされた
午後12時2分	ビン①、②、③、④全てがバクテリアで満たされた

図1－3　3つの真新しいビンを見つけたことの効用

（出典）筆者作成。

第1に、人間の脳は指数関数的な振る舞いを直感的に理解し、予測することが困難だという点である。第2に、有限な環境下での指数関数的な無限成長は、いつか必ずクラッシュを迎えるということ。そして第3に、危機を察知してからクラッシュまでの時間は驚くほど短く、仮に新たなビーカー（ないしは地球）を複数見つけたところでほとんどクラッシュ回避には意味をなさないということである。

エディション3は石油の時代

この学びは、われわれの暮らす地球にもそのまま当てはめることができる。宇宙ロケットから写した地球の写真が象徴的に示すように、この宇宙の中に地球という星は1つしかない。大きさも輪郭もはっきりとしている。文字通り、「限りがある」有限な存在である。

この有限な地球の上でわれわれ人類は、エディション1として狩猟採集時代を生き、エディション2として農耕社会を営み、エディション3として工業社会を築き上げてきた。この3つの時代のうち、指数関数的な振る舞いを急に示し始めたのがエディション3であった。

国連経済社会局（United Nations Department of Economic and Social Affairs）の人口部（Population Division）によると、1950年に25億人だった世界人口は、1975年には41億人、2000年には61億人となっており、2015年には73億人になるという推計を発表している。過去、長期間にわたって横ばいだった世界人口は、第2次世界大戦の終結以降急増している。

この理由はほぼ明らかである。石油の時代が本格的に始まり、この極めて優れたエネルギー源である石油が大量の余剰エネルギーを生みだし、これら余剰エネルギーをふんだんに使用することで余剰食糧の生産が加速され、多くの人々が食べられるようになったからである。カギを握ったのは、農薬や化学肥料であった。農薬や化学肥料は、単位面積あたりの収穫量を飛躍的に増大させたが、これらはみな石油の産物である。大規模な農地を耕すトラクターや農薬を散布する飛行機は石油によって動く。農作物を運搬するトラック、船、飛行機も全て石油で動いている。

今やわれわれが口にする食料は、石油抜きに考えることができない。現代文明が「石油という名の海の上にプカプカ浮かぶ船」にたとえられる所以である。

図1−4は、19世紀から20世紀にかけての世界のエネルギー消費の推移とその内訳を示したグラフである。エディション3に突入して以来、まずは石炭で、その次に石油で、さらには天然ガスも加える形で、全世界で消費されるエネルギー総量は指数関数的に増大していった。

先ほどの人口の増加についても、エネルギーの消費量についても、特に急上昇しはじめるのが第2次世界大戦後である。この時期に、石炭をベースとした社会から石油をベースとした社会へと変化していった。大油田が次々に発見されていったのもこの時期である。石油文明の幕開けによって、世界全体を産業革命以降のエディション3的な社会が覆いつくすようになっていったのである。

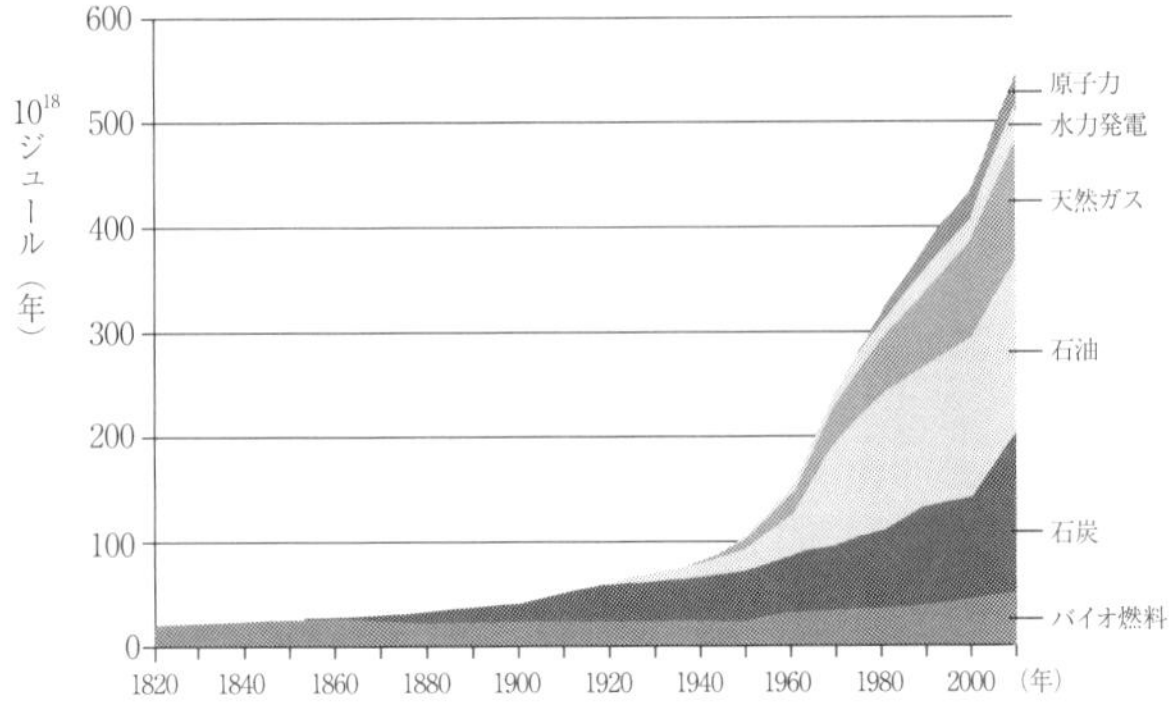

図１－４　19世紀から20世紀にかけての世界のエネルギー消費

（出典）"World Energy Consumption Since 1820 in Charts" Accessed on December 25, 2016 <http://ourfiniteworld.com/2012/03/12/world-energy-consumption-since-1820-in-charts>
（注）Exajoules（EJ）＝10^{18}ジュール（joules）

ちなみに、国連経済社会局人口部は、世界人口が２０２５年には81億人、２０４０年には90億人、２０６０年には１００億人になると予測している。本当にこの地球は、１００億人規模の人間を養っていくことができるのだろうか。いつかどこかで限界が訪れることはわかっていても、それがいつのことなのかははっきりしない。多くの人は、自分が生きている間にそんなことが「起きるわけがない」と盲目的に信じるか、「起きて欲しくない」「起きないでくれ」と願うばかりである。

このように見てくると、エディション３的な社会の将来の姿を考えるにあたっては、その社会を成り立たせている主要なエネルギー源である石油をめぐる動向を理解しておく重要性に気がつく。繰り返し述べているように、文明とは余剰食糧のことであり、余剰食糧とは余剰エネルギーのことに他ならない。エディション3を形成してきたエネルギーをめぐる動向は、そのままエディション3時代の行方を予測するための材料となる。

3　イージーオイル時代の終焉

「石油の今後」をめぐる議論は昔から繰り返し行われてきた。そこには、常に楽観論と悲観論が存在してきた。伝統的な議論の中心は、可採埋蔵量という「量」をみる視点と、いつごろ枯渇してしまうのかという「枯渇論」が占めていた。

枯渇までの年数に関しては、一般的に、可採埋蔵量（R）をその年の生産量（P）で単純に割り算をしたR／Pが指標として用いられる。この指標を用い、たとえば「現在のペースで石油を使い続けると石油枯渇まであと45年」と表現すると、小学生でも理解可能な言語でエネルギー問題を語ることができる。しかし、それだけに問題も多いし、この概念が広まりすぎたことが、より正確にエネルギー問題を理解しようとする際の障害ともなっている。

実は、中長期的な社会変動を予測するにあたっては、石油の「量」を見るよりも、「質」に注目した方が、より本質的な議論をすることができる。別の表現をするならば、いつ無くなってしまうのかという「枯渇」（running out）を問題とするよりは、生産量のピークに伴う「減衰」（depletion）にこそ注目する必要があるということである。このような議論は、「ピーク・オイル論」として知られている。

ピーク・オイル論は、１９５０年代より石油地質学者や地球物理学者の一部が繰り広げてきたものであるが、国家レベルの政策を立案するにあたって考慮されることはほとんどなく、どちらかというと「キワモノ」の議論として扱われてきた。ところが、過去10年ほどの間に、（恐らく意図的に）ピーク・オイル論を無視し続けてきた政府部門や民間部門の利害関係者が、公式に、また時には非公式にこの考え方を認めるようになり始めている。

たとえば、ブラジルの国営石油会社ペトロブラス（Petrobras）のＣＥＯであったガブリエリ（Sergio Gabrielli）は、２００９年12月に行われたプレゼンテーションにおいて、今がまさに全世界の石油供給のピークだという認識を示した。これまで「石油の供給に心配はない」と言い続けてきた石油業界のトップがこうした認識を示すことは、極めて珍しい。

石油に関する情報については、「公式見解」や「一般的に信じられているお話」だけがすべてだと思わない方がよさそうである。世界最大級の産油国であるサウジアラビアの原油生産は、国営企業のサウジアラムコ社が担っているが、油田に関する情報はサウジアラビアという国家の機敏に触れる問題であるため、発表された情報がどれほど実態を反映しているのかはわからない。公式見解としては、余剰生産能力を保持し続けていると言っているが、サウジアラムコ社を退いた元幹部の中には、今後継続的に生産量を増やし続けることは相当困難であるという見解を示す者もいる。

「枯渇」ではなく「減衰」

先進諸国がエネルギー政策を議論するにあたっては、国際エネルギー機関（ＩＥＡ）による報告書がしばしば参照される。伝統的にＩＥＡは、アメリカのエネルギー省（US Department of Energy）などと歩調を合わせる形で、将来のエネルギー供給に対して楽観的な立場を示してきた。

毎年秋に発行されるＩＥＡの年次報告書『世界エネルギー展望』（*World Energy Outlook*）でも、２０３０年に向けての世界のエネルギー供給量は、需要増に呼応する形で右肩上がりに上昇していくという予測が発表され続けている。

しかしながら、世界のエネルギー専門家コミュニティの一部は、ＩＥＡ報告書の内容は政治的に脚色された「公式発表」に過ぎないと考えている。ＩＥＡの発表に対して懐疑的な目を向けているのは、これまで欧米の石油メジャーなどで実際に石油探査を続けてきた石油地質学者に多い。その代表格が、テキサコ社、ＢＰ社などの石油業界に身をおきながら40年以上にわたり油田を探索し続けてきたキャンベル（Colin Campbell）である。

図1-5が示すように、キャンベルは世界中の油田の状況を精査した結果として、在来型の石油の供給量は現在すでにピークを迎えていると主張する。キャンベルは、仲間の研究者らと

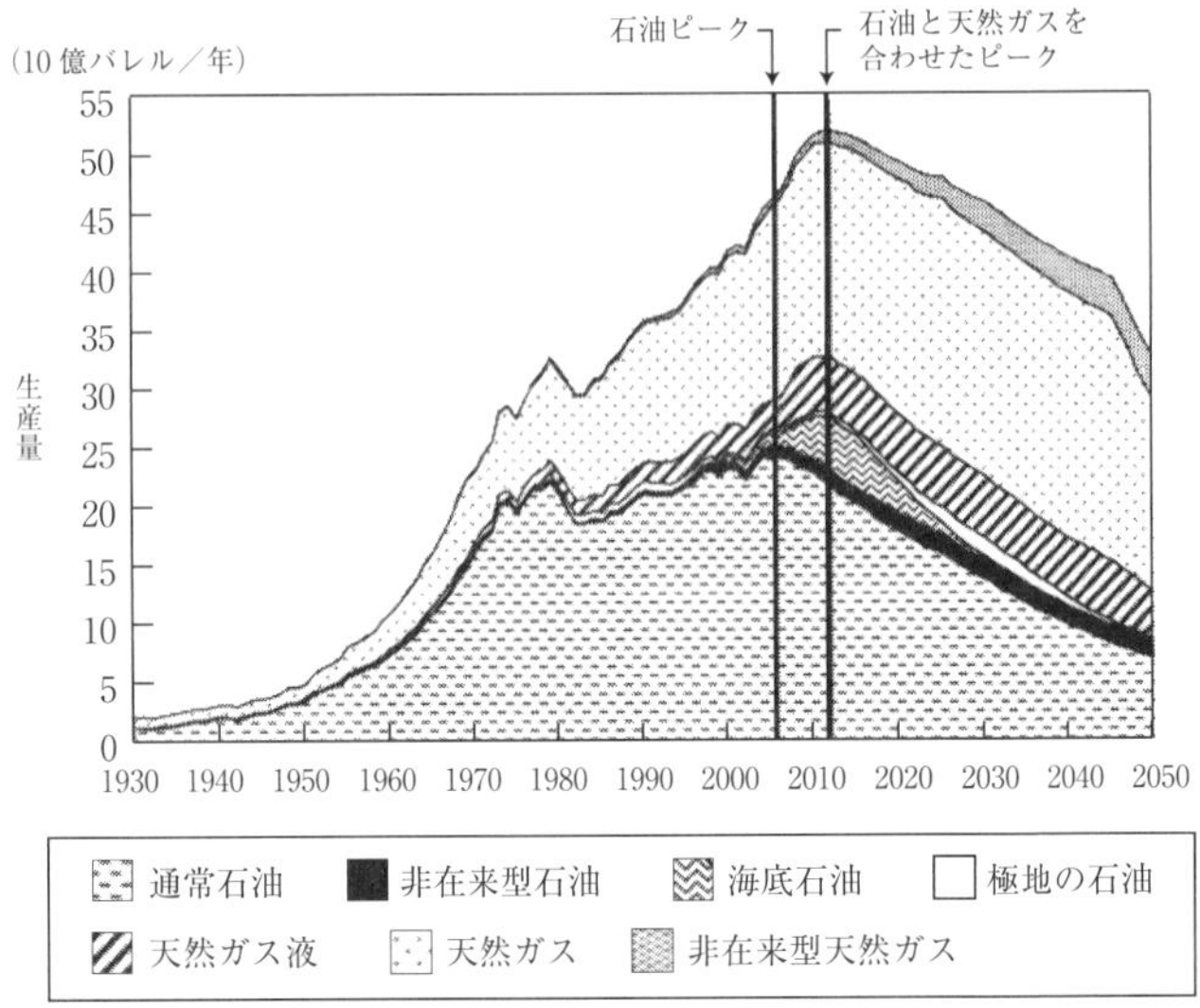

図１−５　ピーク・オイル研究協会による石油・天然ガスの生産量見積

（出典）APSO, "APSO Newsletter" , No.100, April 2009
<http://aspoireland.files.wordpress.com/2009/12/newsletter100_200904.pdf>
を基に一部筆者改変。

共に２０００年に「ピーク・オイル研究協会」（The Association for the Study of Peak Oil and Gas：ASPO）を立ち上げ、エネルギー問題に関する調査・研究・情報発信を行っている。現在ＡＳＰＯは、スウェーデン、アイルランド、イタリア、スペイン、アメリカ、中国、南アフリカ、オーストラリアなど世界各国にそのネットワークを広げながら活動を行っている。

　石油の問題というと、一般的には「枯渇」という視点から語られがちである。しかし、石油をはじめとするエネルギー問題の専門家の間では、「枯渇」は本質的な問題ではないとの認識である。彼らの関心は、石油の供給ピークがいつ訪れるのか、すなわち「減衰」がいつ始まるのかにある。

油田から石油を取り出すにあたっては、その物理的・技術的制約から可採埋蔵量のほぼ半分を採掘した時点で生産のピークを迎えるとされ、その後、生産量は徐々に減衰していくことになる。各油田からの石油の生産量は、ベル型のカーブを描くことになる。このカーブは、陸上油田、海底油田を問わず、世界中のすべての油田に該当する。

したがって、全世界の石油の生産量もいずれピークを迎え、その後は減衰期に突入することになる。地球上にある枯渇性資源は、その有限性によってベル型カーブの宿命から逃れることはできない。これが「ピーク・オイル論」である。

ちなみに、原油生産にピークがあることについては、楽観的な機関・楽観的な研究者であろうと誰もが認めている。一部の強硬な反対派を除いて、「ピークがあるのかないのか」は論点となっていない。行われているのは、そのピークが「いつ」訪れるのか、という「時期」(when)をめぐる議論に過ぎない。

ピーク・オイルそのものの議論とその検討については、拙著『革命と騒乱のエジプト――ソーシャルメディアとピーク・オイルの政治学』(慶應義塾大学出版会)で詳細に行っているし、日本語で読めるその他著作もあるのでここで繰り返すことは避けるが、「その時期」とは「今」である可能性が極めて高い。

安く大量の原油に比較的簡単にアクセスできたイージーオイル時代はすでに終焉を迎えており、今や世界は採掘コストが高く、採掘に大量のエネルギーを必要とし、技術的にもより困難な原油に手を出さなくてはいけない状況にある。時代はすでに、ポスト・イージーオイル時代に突入してしまったのである。

熱力学の法則と石油文明

イージーオイル時代はすでに過去のものであるという前提で、今世界で起きている「おかしなこと」を眺めてみると、こうした「おかしなこと」の根本的な原因に、エネルギー環境をめぐる構造的な変化があるのではないかという仮説が生じてくる。そして、おそらくこの仮説は正しい。前述のように「有限な地球における無限成長」という矛盾は、持続可能性の要件を欠いている。こうした原理的なおかしさは、しばしば熱力学の法則を引き合いに出しながら説明されることがある。

「資源とは何か」ということとあわせて考えてみよう。東京大学名誉教授で元国立環境研究所所長の石井吉徳によれば、資源とは以下の3つの要素を満たしている必要があるという。

第1の要素は、「凝集（濃縮）されていること」である。花畑に花が咲き誇り、それぞれの花に蜜が詰まっているとしても、そのままでは人間が資源として利用することはできない。ミツバチが蜜を集めて（凝集して）くれるから、ハチミツとしての資源になる。花畑に分散して存在する蜜の量とミツバチが集めたハチミツの量は同じであるが、資源として価値があるのは、凝集されている後者のみである。

第2の要素は、「大量にあること」である。木が一本だけあっても資源とは呼ばない。何万本、何十万本とあるから、資源として活用可能となる。

第3の要素は、「経済的・物理的にアクセス可能な場所にあること」である。仮に火星や土星に、エネルギーが凝集された資源が大量にあったとしても、地球で暮らすわれわれにとってそれは資源ではない。

資源が資源であるための第1の要素である凝集されているという特徴は、エネルギー問題の本質ともいえる重要な性質であり、エネルギーと社会変革との関係を考える際にも避けて通れない論点となる。たとえば石油は、エネルギーが凝集されており資源としての特徴を備えているが、ひとたび燃やしてしまうとその凝集性は失われる。

拡散されてしまうとはいえ、拡散後もエネルギーの総量は変わらない。ここで熱力学の法則が登場する。「拡散されるとはいえエネルギーの総量が変わらない」現象は、熱力学の第一法則「エネルギー保存の法則」として知られている。

問題は、拡散されることと、このプロセスが時間軸的に不可逆であるという点にある。自然状態で凝集されたものが拡散することはあるが、拡散されたものが勝手に凝集してくることはない。もっとも、拡散されたものを再び凝集させることは可能であるが、そのためには外部からエネルギーを投入しなくてはならない。この物理現象が、熱力学の第二法則、いわゆる「エントロピーの法則」である。

石油であっても、エネルギーが凝集しているのであるから、この法則にしたがうならば、何らかの外部エネルギーの力を借りた結果として生成されているはずである。石油の場合、エネルギーを凝集させた外部エネルギーは、何億年にもわたって地球に降り注いできた太陽エネルギーである。石油文明とは、何億年分もの太陽エネルギーの恵みを、瞬間的に燃やすことでエネルギーを取りだし、そのエネルギーを使って作り出した文明であると言い換えることができる。

エントロピーの法則が教えるのは、この世の中は低エントロピー状態（凝縮された状態ないしは秩序のある状態）から高エントロピー状態（拡散し、分散している状態ないしは無秩序状態）へ向かう「一方通行」しかないという冷徹な事実である。人為的に拡散された物質（高エントロピー状態のもの）を集めて凝縮し低エントロピー状態の物質を精製することは可能であるが、こうした「逆走」をするためには、必ず外部からエネルギーの投入が必要となる。

石油をベースに設計された現在のエディション3的な社会は、いつまでも続けられるものではない。変化は、ベースとしている石油をめぐるエネルギー環境が構造的に変化した時にやってくる。具体的には、社会で使用出来る石油の（エネルギーの）総量がピークを迎えて減衰しはじめた時が、大きな転機となる。

「利子」と「経済成長」

矛盾はどこから表出するかと言えば、無限成長を宿命づけられた経済の不調として現れる。より正確には、まずは金融システムが矛盾に耐えきれなくなり暴発し、その余波が日常的な経済活動にも波及することになる。では、経済が「成長」を目指さなければよいのかというと、そう簡単にはいかない。現行の経済システムが「利子」という制度を受け入れた時点で、「脱成長」は難しく、「成長か破綻か」という選択を迫られる。

現在の形での貨幣（マネー）が誕生し、広く世界で普及する過程において「利子」がシステムの中に組み込まれることとなった。この過程を「寓話」として説明している文書としては、ハニガン（Larry Hannigan）による「地球プラス5％」（The Earth Plus 5%）が多くの示唆を与えてくれる。

ある人がお金を借り、一定期間を経た後に返済しようとするならば、元本に加え利子分も合わせて稼ぎ出さなくてはならない。社会全体として考えた場合、少なくとも利子分以上の経済成長を果たさない限り、「どこかで誰かが」利子を支払えなくなる。利子というシステムを組み込んだ時点で、その社会にとって経済成長は宿命づけられる。もし、経済成長を続けられなくなれば、たちまち「交換システム」は障害を来し、経済システムそのものが破綻してしまう。

実際に今、先進国の金融をめぐって起きていることを眺めてみると、不穏な空気を感じるのではないだろうか。ギリシャで国家債務危機が発生し、ユーロ圏が揺れている。最近でも、イタリアのモンテ・デイ・パスキ・ディ・シエナ銀行で取り付け騒ぎが起き、巨額の不良債権を抱える中、破綻が取り沙汰されている。ユーロの優等生だと思われていたドイツでも、同国最大のドイツ銀行が経営破綻するのではないかというニュースが飛び交うような状況である。

統計的にみて、原油の消費量と経済成長との間には相関があることが知られている。原油の消費量が右肩上がりだった時代とは、経済成長の時代でもあった。ところが最近では、原油を生産するための金銭的・エネルギー的コストがかさんでいるため、国際社会が使用することの出来る原油の絶対量は、長いこと横ばいを続けている。油田開発と生産に積極的な投資が続かない限り、今の水準を維持することは難しく、減衰局面へと簡単に移行してしまうような状況にあるが、現在のような経済状況でこの分野への投資が活発に行われる見込みも薄い。

経済成長が宿命づけられたこの世界で、何とか経済成長しようと各国政府とも必死に対策を繰り出しているが、最近では、景気刺激策のための財源が、国民から徴収した税金から、「国の信用」を担保とした国債へと変化するようになっている。国家の債務を積み上げげつつ現行の金融システム崩壊を回避するために、株価の維持を含めあらゆる手段を講じているものの、経済成長のスピードよりも債務増加のスピードの方が速いような状況にある。

持続可能性が乏しいとはいえ、こうした取り組みを止めてしまえば、金融システムに重大な障害が発生する恐れが大きい。今行われているのは、健康体を取り戻すための「根本的な治療」ではなく、死という最悪の状況を避けるための「延命策」に過ぎないと理解した方がよいだろう。その意味では、一見何事もなくうまくいっているように見える世界も、実はすでに「破綻」しているのであって、「暴発」はただ単に時間の問題に過ぎないと心しておいた方がよい。

4　将来を見通す4つのシナリオ

本章が検討してきたのは、「今という時代は、エディション3のどの段階にあると位置付けられるのであろうか」という問題である。本章で紹介してきたようなエネルギー環境の構造的変化を考えるならば、エディション3からエディション4への移行こそが、これからの社会デザインを考える上で重要になると思われるが、「エディション4とはどのような時代なのか」という将来の社会像については、複数の考え方がある。将来展望については、図1－6が示すように理念的には4つの異なるシナリオを想定することが可能である。

第1のシナリオは、「テクノロジー無限成長時代」である。この立場に立つ人々は、資源やエネルギーの制約はテクノロジー（技術）によって解決可能であり、これまでと同じように右肩上がりの社会を展望し、それを目指すべきだと考える。エディション4とは、「さらなる成長の時代」だという未来観である。経済人や経済学者はこの立場をとることが多い。

第2のシナリオは、「テクノロジー安定時代」である。この立場に立つ人々も、第1のシナ

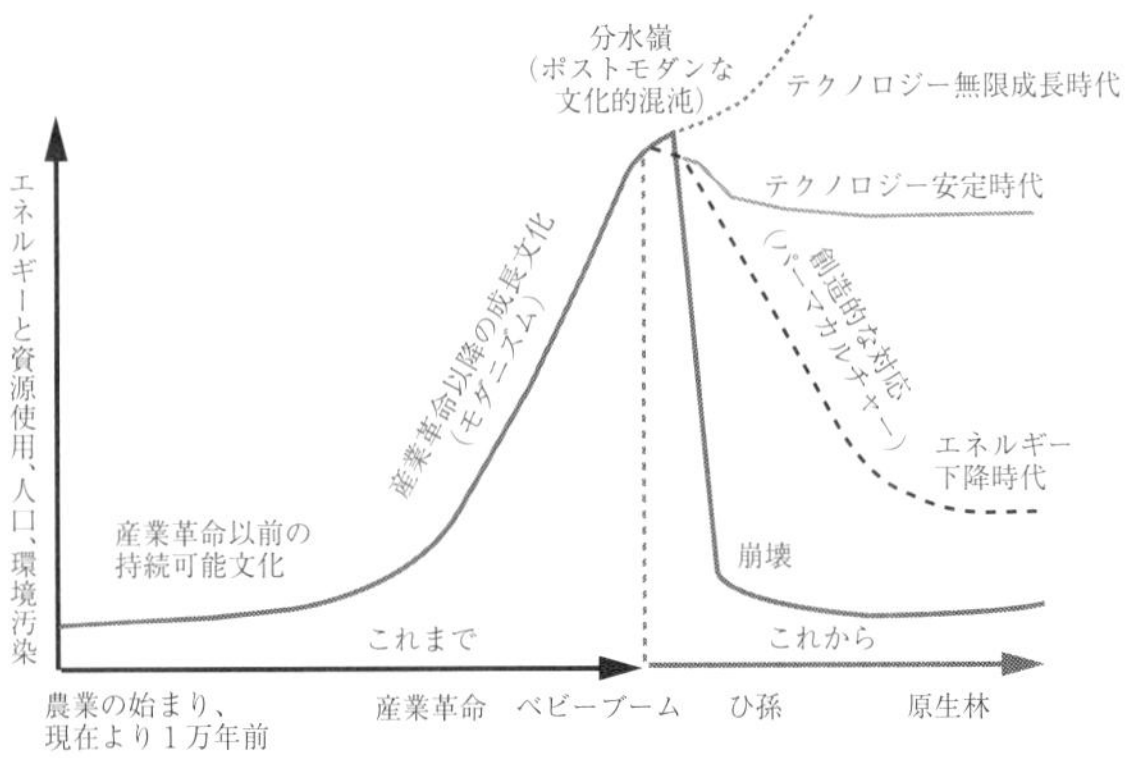

図１−６　将来をめぐる４つのシナリオ

（出典）デビット・ホルムグレン（リック・タナカ訳）『未来のシナリオ——ピークオイル・温暖化の時代とパーマカルチャー』農山漁村文化協会、2010 年、31 頁。

リオと同様にテクノロジーの可能性に期待を寄せる。ただし、ここで用いられるテクノロジーをもってしても右肩上がりの社会は不可能であると考え、いかに現在の状況を安定的に推移させるかが主たる関心事となる。エディション４とは、「今ある人類の到達点の永続的な維持の時代」として想定されることになる。テクノロジーを駆使すれば、現代という時代を永続させることは可能であるという未来観である。エンジニアなど技術者にこの立場をとる人々が多い。

第３のシナリオは、「崩壊」である。これまで人類は、人口にしても、エネルギー消費量にしても、経済規模にしても、上昇局面をマネジメントすることには成功してきた。ところが、かつて栄華を誇った後に崩壊していった帝国群の運命を見る限り、下降局面のマネジメントに関して成功事例を見つけることは難しい。経済が成長しない、ないしは縮小するという状況は、利子を組み込んだ現代の金融システムと決定的な矛盾を生みだし、段階的・連鎖的に崩壊に向かって進んでしまうのではないかという一種の諦観である。

第4のシナリオは、「創造的な対応（エネルギー下降時代）」である。縮小社会に向かって進まざるを得ないという前提のもと、いかにして崩壊を避けながら創造的な対応をしていくのかが模索される。エディション4とは、「エディション2的な要素が増えることになるエディション3後の時代」という将来展望である。リベラルな知識人や有機農業などを実践する人々に、こうした立場をとる人が多い。

「崩壊」するものと残るもの

読者のみなさんは、4つのうちどのシナリオが「しっくりとくる」だろうか。これからの人生設計やライフスタイルの選択をするにあたっては、どのシナリオを将来の姿として想定するのかによって、「今やっておくべきこと」も大きく変わってくることになる。

筆者自身は、テクノロジー無限成長時代シナリオも、テクノロジー安定時代シナリオも採らない。世の中には、技術で変えることができるものと、人類が生み出す程度の技術では到底変えることのできないものとがあると考えるからである。エネルギーに関して人類が手にしている技術とは、自然界からエネルギーを取り出す技術に過ぎないのであって、エネルギーを作り出す技術は未だに手にしたことがない。

枯渇性資源の生産と消費には必ずピークが存在し、やがて減衰局面へと突入することになる。この物理的制約を技術で乗り越えようとするのは無理がある。ましてや、この地球を取り巻く物理現象である「エントロピーの法則」を、人類の技術程度で変えられるとは到底思えない。有限な地球での無限成長というのは幻想であって、ニュートン（Isaac Newton）やデカルト（René Descartes）など「機械仕掛けの世界観」を生み出した先人たちによる「魔法」だったと考える必要があるのではないだろうか。

そう考えていくと、残るのは「崩壊」シナリオと、「創造的な対応（エネルギー下降時代）」シナリオということになる。この2つは紙一重である。また、当該社会がどの程度エディション2的な性質を残していて、どの程度エディション3的な性格を有しているのかによっても異なるだろう。

世界には、未だにエディション1的な狩猟採集生活をベースとしながら暮らしている部族も、発展途上国の農村部のようにエディション2的な様相を色濃く残した社会もある。このような社会で暮らす人々にとっては、現在の金融システムや経済システムが不調に陥ったとしても、被る影響は比較的少なくて済むだろう。

他方、エディション3が始まることによってはじめて成立が可能となった、大都市をはじめとする工業社会は、直接的な影響を受けることになる。現代社会に典型的な「複雑系」のシステムは、たった一粒の砂が砂山全体を崩壊させるように、ある一部に起きた小さな不調が予期しないくらい大きなトラブルへと連鎖的に発展しやすいことが知られている。われわれは、いずれエディション3の終焉とエディション4の幕開けを迎えることになるだろうが、どのような社会の中で「その時」を迎えるかは重要な問題となる。おそらく、社会のシステムとして「崩壊」してしまうものと、「崩壊」を免れて生き続けられるものとがあるに違いない。この2つを見極めた上で、どのような社会を作り上げていくのかが、エディション4には求められることになる。

いずれにせよ、序章で述べたように、「昨日と同じ今日が来て、今日と同じ明日が来る」という時代は終わりつつあると心しておいた方がよい。こうあって欲しいという未来と、本当にやってくる未来が一致しているとも限らない。「現在の常識は、未来の非常識」なのである。思い込みを捨て去り、「成長信仰」という魔法から醒めた時に立ち現れる世界を冷静に見つめ、これからの自分自身の人生設計に想いを馳せる必要がある

第2章　グローバル化の進展と逆流

1　「グローバル化」とは何か？

「グローバル化の時代」というキーワードは、いたるところで使用されている。筆者が身をおく大学業界でも、「グローバル化」は自明のこととして扱われており、いかに「グローバル人材」を輩出するかをめぐって大学間の競争が行われているようなところがある。これからの時代を生きるには、「グローバル人材」になって「グローバル企業」で活躍する必要があると考える人も多い。

確かに現代の地球は、かつて人類が経験したことのないほど「狭く、小さい」。たとえば、地球の裏側でウィルスの突然変異が起こり新型インフルエンザが誕生すると、瞬く間に世界中に伝播してしまう。地球の裏側で起きたたった一つのウィルスの突然変異であっても、日本で「国際的なること」とおよそ無縁であると思いながら日々を送っているごく一般的な人の生活にまで影響を与えるという時代である。

２００８年に起きた金融危機（いわゆるリーマンショック）では、経済面でもいかに現代人が世界的規模でつながり合っているかを痛感させられた。アメリカのサブプライムローン問題をきっかけに「住宅バブル」が崩壊し、続いてアメリカの大手投資銀行「リーマン・ブラザーズ」が経営破綻した。この影響はアメリカ国内にとどまらず、世界中の国々を巻き込んだ金融・経済危機へと発展し、世界同時大不況が訪れた。

これまで日本企業が生産していた車やコンピュータ、電化製品などを大量に消費していたアメリカやヨーロッパの需要が急激に落ち込んだため、モノを作っても売れなくなり、国内の工場は一斉に減産体制に入った。その結果、工場で働いていた派遣社員など非正規雇用の人びとを中心に多くの人が職を失った。中には住むところを失った人びとも現れ、「派遣切り」として大きな社会問題へと発展した。余波は大学生の就職活動にも影響した。過去最低水準の内定率が、大学生たちを襲ったのである。

グローバル化とは一般に、「ヒト、モノ、カネ、情報の国境を越えた自由で活発な往来が拡大していくこと」といった形で理解される。影響は、経済・政治・文化・環境など様々な側面で現れ、国境や境界線の意義を消失させてしまう。確かに、グローバル化が進展した世の中では、「パンデミック」（感染症の世界的大流行の状態）を国境で食い止めようとしても、その試みのほとんどは失敗してしまう。

グローバル化の3つの段階

グローバル化が進んだ世の中とはどのような状態であるのかということについては、比較的簡単に合意が得られるものの、何がグローバル化の「本質」なのかということについては、論者によって意見が異なる。

多くの論者が注目するのは、経済的な側面であり、いわゆる経済的なネオ・リベラリズムこそがグローバル化の正体だと論じる。代表的な論者は、『ニューヨークタイムズ』紙の人気コラムニストであるフリードマン（Thomas L. Friedman）である。彼は、21世紀を目前に控えた時期に『レクサスとオリーブの木』（*The Lexus and the Olive Tree*）を出版し、グローバル化の正体を「自由市場資本主義」だと断じている。

他方、グローバル化の経済的側面を否定するわけではないが、経済的側面に議論が集中しすぎている状況を批判する人びともいる。社会学者のギデンズ（Anthony Giddens）は、多くの議論がグローバル化という事象の経済的側面しか見ておらず、これを「事実誤認」として批判する。その上で、経済のみならず政治、技術、文化にもグローバル化の波は押し寄せているのであり、その根底には1960年代頃からの通信システム技術の進歩があり、それがグローバル化をもたらしているのだと論じている。

また、前述のフリードマンは、ベストセラーとなった『フラット化する世界』（*The World is Flat*）において、グローバル化現象の起源を歴史的な視点から位置付けつつ現代版グローバル化の特徴を探ろうとしている。彼は、グローバル化には3つの段階があったと論じる。

第1の時代は、「グローバル化1・0」であり、コロンブスがアメリカ大陸を発見した1492年から1800年頃までの期間であるという。グローバル化1・0では、国家と腕力が主役であり、旧世界と新世界の貿易を開始させ、世界は大きなものから中くらいにまでしぼんでいった。

第2の時代は、「グローバル化2・0」であり、1800年頃から2000年までの期間である。グローバル化2・0の主役は国際企業であり、グローバルな統合を通して、世界は中くらいの大きさから小さいものへとしぼんだ。

この時代の上半期は、蒸気機関エンジンや鉄道による輸送コストの減少が力となってグローバルな統合が進み、下半期は、電報、電話、コンピュータ、衛星、光ケーブル、インターネットなどによって電気通信コストが減少することでグローバルな統合への力となった。

第3の時代は、「グローバル化3・0」である。これは2000年からはじまり、われわれは今、この時代にいるという。グローバル化3・0の主役は、個々人であり、われわれ自身がグローバルに競争したり協調したりしている。

個々人やグループがグローバルな世界で活躍するには、馬力もハードウェアも必要とせず、様々なソフトウェアとそれらをつなぐ光ケーブルなどのネットワークによって担保されている。この時代には、世界が小さいものから、微少なものもしくは平らなものとなったという。つまり、我々はみな、グローバルな世界経済市場に接しており、そこでの競争条件はどこもフラット（平ら）なものになったというのである。

もちろん、フリードマンによる「フラット化」の議論にほとんどの人が賛同しているわけではない。むしろ批判は多い。彼の議論があてはまるのは、地球のごく一部分だけだというものや、経済的側面に偏りすぎているというもの、また、時代区分にしてもコロンブスの時代からの分析では不十分であり、古代からの諸発展と継続的ダイナミクスを組み入れなくては真に包括的な考察ができないといったものまで、実に様々である。

地球が完全に「フラット」になったのかどうかはさておき、分断され独自の発展を遂げてきた旧大陸と新大陸をコロンブスがつなぐことで世界を1つにした時点から比べて、人類にとっての地球は随分と小さいものになったことは間違いない。特に、フリードマンがいうグローバル化2・0の時代とは、本書の用語でいえばエディション3の時代と一致する。問題は、エディション4がフリードマンのいうグローバル化3・0の時代になるのかどうかということになる。つまり、エネルギー環境が構造的に変化しつつある時代（ポスト・イージーオイル時代）に、グローバル化がさらなる加速を見せるのかどうかという問題である。

2 「グローバル化」の逆流か？

この問題を考えるにあたっては、グローバル化の「本質」とは何かという議論にとどまらず、何がグローバル化を推し進めるのか、なぜグローバル化が進むのかという点について考えていく必要がある。再び考えなくてはいけないのが、エネルギー環境が構造的に変化しつつあるという現実である。

先に、グローバル化の一般的理解として、「ヒト、モノ、カネ、情報の国境を越えた自由で活発な往来」と述べたが、この順番は国境を越えにくい順に並んでいる。つまり、簡単に国境を越えやすい順番が、情報→カネ→モノ→ヒトなのであり、グローバル化の今後を考えるならば、これらがどのくらい国境を越えて移動し続けるのかを検討する必要がある。

この中で物理的な実態を伴っているのが、ヒトとモノである。日本のような島国において国境を越えるためには、海を越える必要がある。具体的な手段としては、船舶と航空機が用いられる。石油文明にどっぷりとつかった今、船も飛行機も石油によって動かされている。どちらも内燃機関、つまりエンジンを装備している。

化石燃料としての石油が優れている点は、単位量あたりのエネルギー含有量もさることながら、常温で液体という物理的特性に由来する。常温で固体の石炭を運搬しようと思えば、炭鉱から掘り出し、鉄道で港まで運び、そこから船で目的地の港まで運び、再び鉄道に載せ替えて最終目的地まで運ぶといった行程が必要となる。その点、石油であれば、パイプラインを敷設して圧力をかけてやるだけでよい。

また、常温で気体の天然ガスも運搬に手間がかかる。気体は体積が膨大なのでそのまま運搬することはできない。マイナス１６２℃まで冷やすことで液化し、それを運搬することになる。冷却するためには石油であれば必要なかった余計なエネルギーが必要となる。

輸送のしやすさという点もさることながら、常温で液体の石油だからこそ内燃機関の燃料になり得ているという点が重要である。現代のグローバル化を物理的に担っているのは内燃機関であり、その燃料としての石油を他の化石燃料に代替することはできない。船舶や航空機だけでなく、陸上の輸送についても同じである。ヒトを運ぶ自動車も、モノを運ぶトラックも、ともに内燃機関を備えており石油を燃料として走る。

「電気自動車も水素自動車もあるではないか」と思われるかもしれないが、今、世界中で動いている石油を燃料とする自動車が、これらに置き換わることはないだろう。国際エネルギー機関の統計（２０１４年）によると、運輸部門の全エネルギー消費量に占める電力の割合は約１％に過ぎないが、石油の占める割合は約92％である。

また、電気も水素も単体では地球に存在していないため、何かから作らなくてはならない。こういった何かから作らなくてはいけないエネルギーは、二次エネルギーと呼ばれている。対して、原油のようにそのままの姿で地球に存在するエネルギーは、一次エネルギーである。量的に考えても、他の何かが石油に代わる輸送エネルギーとなるとは考えづらい上に、一次エネルギーの問題を二次エネルギーが解決するということもない（混同して議論しても意味がない）。われわれが今直面しているのは、石油という一次エネルギーをめぐる問題なのである。

エネルギーシフトの「未体験ゾーン」へ

考えてみれば、人類は人類史を通してエネルギーに対する欲求を弱めたことがない。既知のエネルギーをより多く獲得するために、そして新しいエネルギー源を求めて、人類は常に活動してきたし、エネルギーの獲得をめぐっては紛争も絶えなかった。

それにもかかわらず、人類史を支えてきたエネルギー源（一次エネルギー）の種類はそれほど多くない。主要エネルギーとして機能してきた枯渇性資源としては、木材（薪炭）、石炭、石油、天然ガス、ウランが挙げられる。また再生可能資源としては、農作物の光合成に不可欠な太陽エネルギー、帆船や風車を動かすための風力エネルギー、川の流れや高低差を利用した水力エネルギーも利用されてきた。

人類は、その時代の主要なエネルギー源の供給に問題が出はじめると、次のエネルギー源へとエネルギーシフトすることで対応してきた。主要なエネルギー源が変わると、社会にある様々な技術が世代交代を迫られることになる。海運を例に考えてみると、風力エネルギーを使った帆船、石炭を使った蒸気船、石油を使った内燃機関で動く現代の船舶という変遷をたどってきた。近年では、原子力で動く原子力船も使われているが、その数は限られる。同じ目的と似た形状を持った船舶であっても、エネルギー源が異なると、使われる技術も変わってくる。

技術には、移行までのスピードが速い技術と遅い技術がある。エネルギー関連の技術は、移行に極めて時間がかかる。過去、もっとも短期間でエネルギーシフトが起こったのは、木材から石炭への転換であったが、それでも75年を要しており、明らかに有利なエネルギー源へのシフトである石炭から石油へのシフトであっても約100年かかっている（ピーター・ターツァキアン『石油最後の1バレル』英治出版、2006年）。カセットテープからCD、VHSのビデオテープからDVD、銀塩フィルムカメラからデジタルカメラへといった技術シフトに要する時間に比べると、その遅さが際立つ。

100年という時間がかかったものの、石炭から石油へのシフトは、グローバル化を急速に加速させることとなった。イージーオイル時代には、安い石油が大量にあり供給量も右肩上がりに増やせたため、世界は石油をふんだんに使ってヒトやモノの輸送を拡大させていった。

ところが、イージーオイル時代も終焉を迎え、今やポスト・イージーオイル時代が始まってしまった。石油の供給への圧力は高まっており、今や深海や極地の油田を開発したり、非在来型の油田に頼ったりしながら、何とかやっているような状況である。エネルギーシフトが迫られているのは間違いないが、厄介なことに、われわれ人類は石油に代わり得る一次エネルギー源を知らない。これまでも人類は何度かエネルギーシフトを経験してきたが、過去のエネルギーシフトはどれも、より有利なエネルギー源へのシフトであった。より有利なエネルギー源を知らないままでエネルギーシフトを迫られるという経験は、したことがない。われわれは、これから「未体験ゾーン」に突入することになる。

イージーオイル時代に拡大していったグローバル化は、ポスト・イージーオイル時代に入ると「グローバル化の逆流」という現象へと変化する可能性がある。海運の状況を表す指数として「バルチック海運指数」と呼ばれるものがあるが、2008年5月に過去最高の値を示した後、金融危機の影響を受けて一気に下落し、その後は横ばいかやや下落する傾向にある。海の積み荷の移動状況、言い換えるなら、国境を越えたモノの往来状況がパッとしないということである。

図2-1は、国別に見た運輸部門のエネルギー消費量の推移を表したグラフである。このグラフを見ると、日本もヨーロッパの主要先進国も、「右肩上がり」となっていない様子がわかる。むしろ、最近の傾向は横ばいどころか、減少傾向にあり、1990年代の水準にまで落ち込んでいる国が多い。

この先、石油の供給量および消費量が「右肩上がり」にどんどんと増えていく見込は少ない。最近の横ばい状況は、ピーク期における横ばい状況だという可能性が高い。そうだとすれ

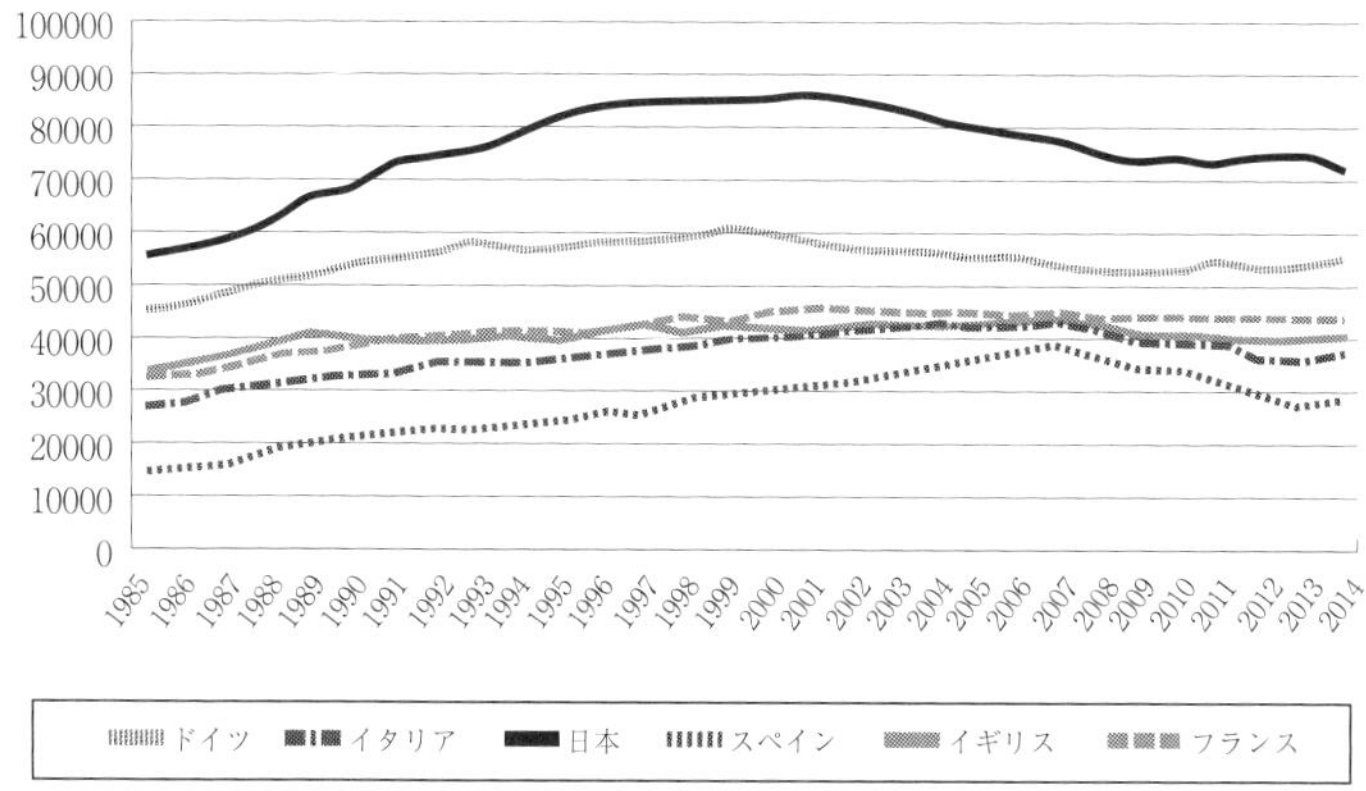

図２－１　国別の運輸部門エネルギー消費量の推移

（出典）国際エネルギー機関のデータをもとに筆者作成。
（注）横軸の単位は年。縦軸の単位はkTOE（千石油換算トン）。

ば近い将来、ピーク後の世界、つまり減少の時代、縮小の時代がやってくることになる。運輸部門のエネルギー消費量も減少（縮小）することになるだろう。

コロンブス以来、加速度をつけるようにグローバル化を進めてきた世界であるが、エネルギー環境の構造的変化に伴って「グローバル化の逆流」が起こりそうである。ただし、緩やかな反転にはならないだろう。急激なショックに備えて、われわれはシートベルトをしっかりと締め直しておいた方がよい。なぜなら、供給量を拡大させ、急速にグローバル化していった「カネ」にまつわる問題が、「暴発」をしてしまう可能性が高いからだ。

3　金融・経済危機の高まりと国家の底力

第1章でも概観したように、エネルギーの投入量が頭打ちになると、金融システムに悪影響を与えてしまう。「利子」という制度をシステムの中に組み込んだことで、経済成長は宿命づけられる。少なくとも利子分は成長を続けなければ、どこかで誰かが利子を支払えなくなって破産してしまう。放っておけば破産は連鎖する。貸し出している金融機関がこうした「不良債権」を積み重ねていくと、今度は金融機関自体が破産してしまう。それなりの規模の金融機関が破綻すれば、世界の金融システムに多大な影響を与えることになる。

経済学者は、今、全世界的に起こっている経済の停滞を様々な視点から説明しようとしているが、エネルギー環境の構造的な変化に注目する人は極めて少ない。「地球は有限である」「エネルギーにも限りがある」というシンプルな事実を、考慮に入れようとしないのである。

もっとも、この傾向は昔から変わっていない。ジャーナリストとして活躍するストローン（David Strahan）は、経済学者はこのエネルギー制約（熱力学の第二法則から導かれる制約）を経済モデルの中に組み込むことを行っておらず、このテーマにはじめて取り組んだのは物理学者であったという事実を指摘する（デイヴィッド・ストローン『地球最後のオイルショック』新潮社、2008年）。

こうした学者の筆頭であったキュンメル（Reiner Kummel）は、「経済学のように影響力の大きい学問が、宇宙を構成している熱力学の第一、第二法則を無視しているのであれば、これを正さなければならない」と研究の動機を語っているという（同書）。キュンメルらの研究グループが、過去30年のアメリカ、日本、西ドイツのデータを用いて分析したところ、経済成長の要因として資本と労働の重要性はかなり低く、エネルギー消費量の増大がはるかに重要だという示唆を得た。このモデルをさらに発展させたのが、同じく物理学の素養をもつ環境・経営学者のエアーズ（Robert U. Ayres）である。

エアーズらは、熱力学の効率の向上が経済成長の要因にとって重要ではないかとの仮説のもとで研究を進めたところ、20世紀中のアメリカと日本の実際の経済成長率と組み立てたモデルとが、ほぼ完全に一致することを発見した。アメリカの経済成長についてのキュンメル・モデルの相関係数は0・54であり、エアーズ・モデルの相関係数は0・7であるという（同書）。エネルギーと経済成長との関係は、統計学上偶然には起こり得ないような高い相関関係を有しているということになる。

世界はすでにポスト・イージーオイル時代に突入したという視点から見れば、世界中どこでも経済的な停滞を続けているという状況もそれほど不思議なことではない。不思議があるとすれば、むしろ、世界的な金融システムに何らかの障害が起きてもおかしくないような状況であるにもかかわらず、曲がりなりにも平静を保てている理由の方かもしれない。経済にしても、

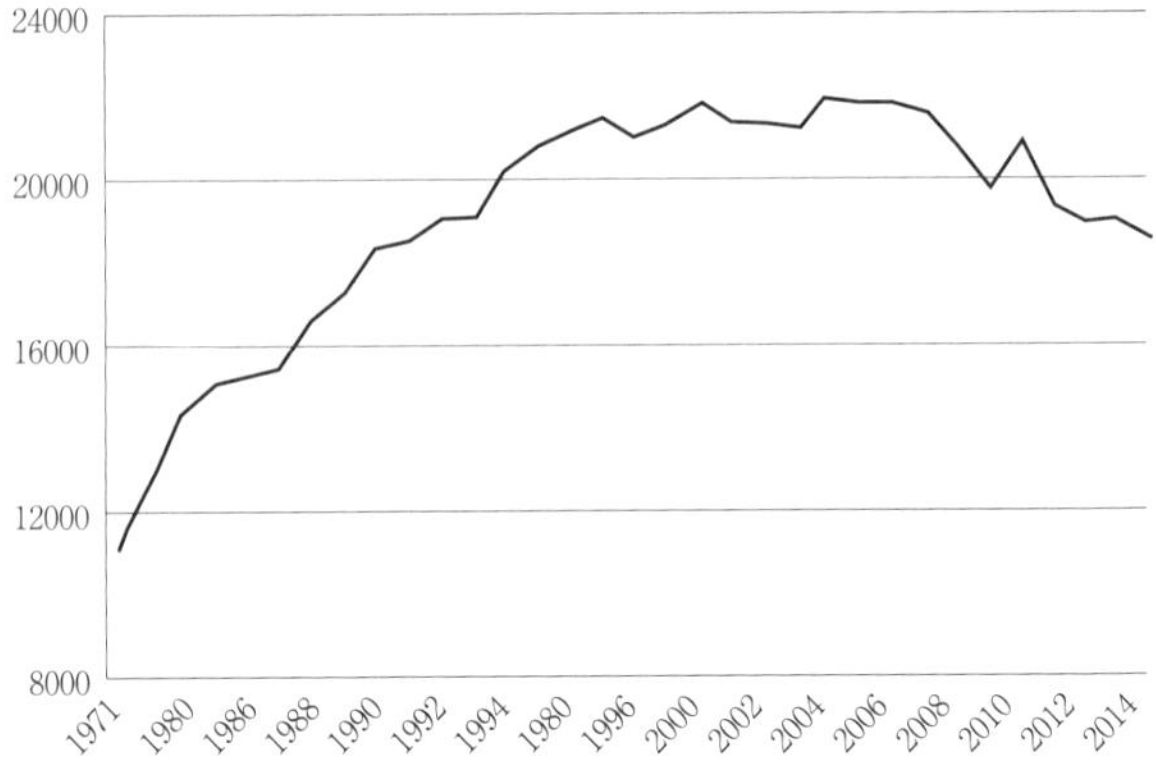

図２−２　日本の一次エネルギー消費量の推移

（出典）国際エネルギー機関のデータをもとに筆者作成。
（注）横軸の単位は、年。縦軸の単位は、千兆ジュール。

低成長かもしれないが幾らかは成長している し、破綻を来すような状況にもなっていない。

エネルギーの投入量が拡大していないにもかかわらず、曲がりなりにも経済が成長するからくりをどのように捉えたらよいのだろうか。この問題を読み解く「補助線」として、「原油を必要とする経済」と「原油を必要としない経済」との間に線を引き、２つに分類して考えてみてはどうだろう。

「原油を必要とする経済」とは、モノを作ったり、動かしたりするといった、物理的な実体を伴う経済である。対して、「原油を必要としない経済」とは、金融の世界が代表するように、経済的な営みがコンピュータシステムの内側のみで完結し、物理的な実態が伴わない経済を指す。仮にエネルギーの投入量が減少して、「原油を必要とする経済」が

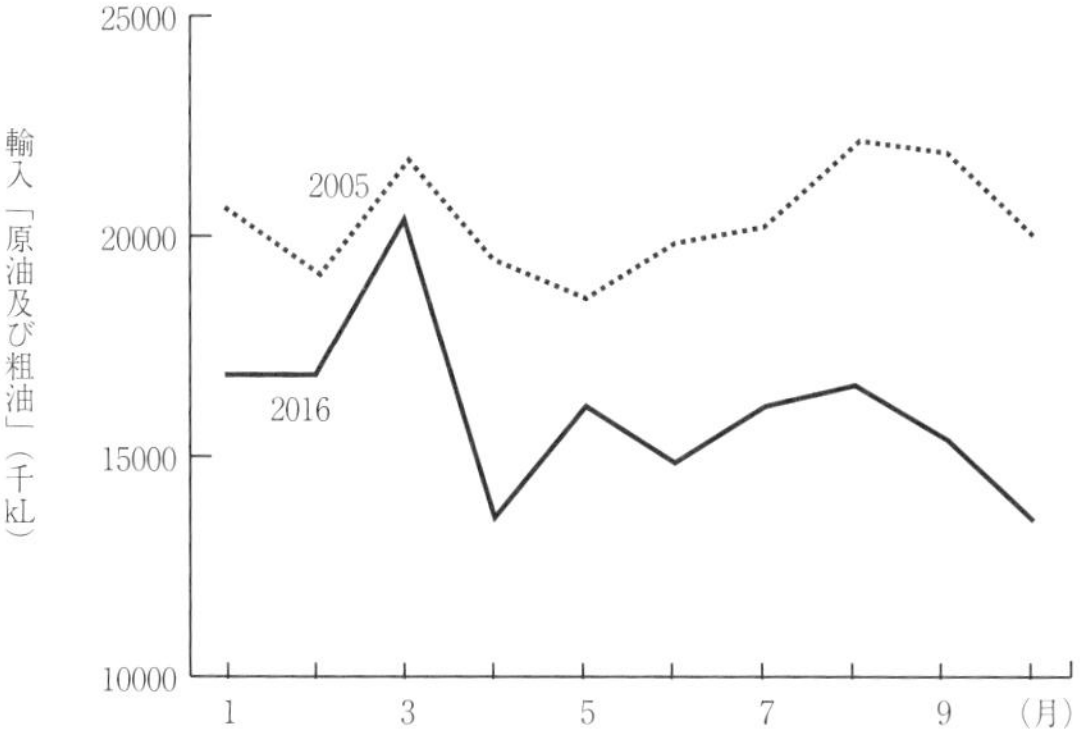

図２－３　日本の原油輸入量（2005年・2016年）

（出典）データは、財務省が毎月発表している「財務省・貿易統計」。グラフの作成・提供は、金沢美術工芸大学の大谷正幸教授。

縮小をはじめていても、その縮小分以上を「原油を必要としない経済」が埋めてくれれば、経済指標上は成長しているように見える。

図２－２は、日本の一次エネルギー消費量を示したグラフである。バブルの崩壊後数年間は一次エネルギーの消費を増やしていったが、その後横ばいになり、２００５年あたりをピークとしてその後は減少傾向にあることが読み取れる。また、図２－３は、２００５年と２０１６年の日本の原油輸入量を月ごとに示したグラフである。日本の場合、原油のほぼすべてを輸入に頼っているため、原油の輸入量を見れば、どのくらいの原油が国内で消費されたのかがわかる。一次エネルギーの消費量が多かった２００５年と２０１６年を比べてみると、どの月も原油の輸入量が減っていることを確認できる。エネルギー消費の

観点から見ると、日本はすでに縮小社会に突入しはじめているのである。

経済成長率や株価などの指標は悪くないのに、実感として経済成長を感じられない原因は、このあたりにあるのかもしれない。エネルギー的に見てすでに縮小社会に入っていると思えば、24時間営業だった店舗が営業時間を縮小したり、多くの業種で出店規模の縮小を行ったりしていることにも合点がいく。それにもかかわらず、経済成長もし、株価も上がっているのは、ただ単に「お金を刷りまくっているから」だと考えられないだろうか。

原油の使用量が減っているのだから、「原油を必要とする経済」を伸ばせるわけもない。システムのクラッシュを避けるためには、「原油を必要としない経済」がカバーしなくてはならない。そのための政策的な対応は、「（金融機関の）救済措置」、「量的緩和」、「流動性の注入」ということになる。こうした経済の刺激策は税金で行われているのではなく（税金だけでは毎年の予算を組むのに足りない）、国債という形で将来にそのツケを回すことによって行われている。

政策担当者にとっては、破綻の影響が大きすぎるために、何とか破綻を回避しようとあらゆる手段を使って延命を図る以外に選択肢はないが、こうした延命策を続ければ続けるほど、いつか訪れる「破綻」の規模は大きなものとなってしまう。いったいどれほどの「マグマ」が地下に蓄積されているのか想像する他ないが、いつ爆発してもおかしくない状況にあると考えておいた方がよいだろう。

崩壊のシナリオと国家の役割

「グローバル化の逆流」が進行する世界は、どのような世界になってしまうのだろうか。あまり考えたくない未来かもしれないが、そのことを考えている論者が「崩壊」という表現をしばしば使っていると知ると、余計に気が滅入ってしまうかもしれない。

「崩壊」についてしばしば参照されるのが、人類学者のテインター（Joseph A. Tainter）による、ローマ帝国など過去に崩壊した24の文明の崩壊メカニズムに関する研究である（Joseph A. Tainter, *The Collapse of Complex Societies*, Cambridge University Press, 1988）。テインターによると、「文化的複雑性の歴史は、人類の問題解決の歴史」であり、「歴史を通して、人類が直面したストレスと挑戦は往々にしてより複雑になる戦略によって解決されてきた」という。

そして、「社会という問題解決のためのシステムは、長期間、複雑性とコストを増しながら発展し、やがてシステムは補助的なエネルギーの増加を必要とするようになるか、あるいは崩壊する」という。

「複雑性は利益を生むが、損失も与える。その破壊的な潜在能力は、社会経済の複雑性への出費の増大が利益を減じて、ついにはマイナスの見返りになった歴史的事例を顧みれば明らかである」という説明に表れているように、過去の経験に照らし合わせる限り、「より複雑化させることで問題解決を求めようとするアプローチ」は限界にぶつかる可能性が高い。特に、投入する補助エネルギーが制約される世界では、複雑化は問題解決から遠のく可能性が高いと言える。

こうしたやや抽象的な「崩壊論」に留まらず、より具体的に「金融の崩壊」とその後について論じた論考もある。たとえば、アイルランドのシンクタンクに勤めるコロウィッツ（David Korowicz）による『代償』（*Trade-Off*）である
コロウィッツはこの著作において、金融システムにおける「カスケード型の失敗」が、経済や政治の崩壊を招く帰路を説明している。動的なシステムは、システムのパラメータがある範囲に収まっているときには、恒常性を維持して衝撃からも回復するが、範囲外のことが起こると、回復不能に陥るという点が指摘される。

また、こうした一連の論考から刺激を受けたオルロフ（Dmitry Orlov）は、祖国であるソ連邦崩壊から得られる教訓をもとに現代アメリカ社会を考察した『再来する崩壊』（*Reinventing Collapse*）に続き、２０１３年には「崩壊」に関する包括的な論考を『崩壊５段階説』（*The Five Stages of Collapse*）として発表している。

オルロフが主張する５つの段階とは、①金融の崩壊、②商業（経済）の崩壊、③政治の崩壊、④社会の崩壊、⑤文化の崩壊を指している。オルロフによれば、金融および商業（経済）への影響はほとんど不可避であるが、問題は第３段階として指摘される政治の崩壊以降の崩壊をいかに食い止めるかがポイントだという。

ここで言う政治とは、国家が行う政治を指している。金融が暴発しても、経済が深刻なダ

メージを受けたとしても、国家が盤石できちんと機能していれば、われわれはそこを拠り所とすることができる。

考えてみれば、グローバル化が進行する過程において、これからはグローバル化の時代なので国境の意味が相対的に薄くなり、「国家」という存在が時代遅れになっていくという「国家衰退論」が盛んに議論されたが、新型インフルエンザへの対応にしても、２００８年の金融危機における救済策も、中心となったのはやはり国家であった。

元フランス外相のヴェドリーヌ（Hubert Vedrine）が言うように、グローバル化に「対して」は、どの国家も無力であるが、グローバル化「の中で」現実的な政策的対応を行うにあたっては、国家の重要性は減じていない（ユベール・ヴェドリーヌ『「国家」の復権』草思社、２００９年）。

２００８年の金融・経済危機で、震源地のアメリカでは多くの金融機関が経営危機に直面した。世界最大の自動車メーカーだったゼネラルモーターズ（ＧＭ）社も経営破綻し、多くの人が職を失った。オバマ政権は、ただちに金融機関に対する公的資金の注入を決定し、ＧＭ社に対しても救済策を発表した。

ヨーロッパの島国アイスランドも、大きなダメージを受けた。国内の金融機関は軒並み経営破綻の危機に見舞われたが、「国有化」することで事態の収拾が図られた。こうした危機的な状況が発生した場合、現在のところ当該国の政府を除いては誰も助けてくれない。

国内政治のレベルで金融・経済不安への対処を行ったのが国家であれば、国際政治のレベルにおいて暴走したグローバルな経済市場に対する「歯止め」をかけるための足がかりとして頼りにされたのも国家であった。危機の発生後その対処を託されたのは、国際機関でも、ＮＧＯでも、グローバル企業でもなく、20の国や地域の首脳および財相・中央銀行総裁による会議（Ｇ20）であった。

同様のことは、その他のグローバル化にまつわる問題への対処でも指摘できる。環境問題も、貧困問題も、移民問題も、実効性のある合意を成立させ、その確実な履行を行うことができるのは、今のところ各国政府を除いては存在しない。「パンデミック」への対処にしても、世界保健機関（ＷＨＯ）がどれほど警告を発したところで、責任を持ってその警告を受けとめ、具体的な対策を立案し、施行する政府がなければあまり意味をなさない。

ヴェドリーヌが言うように、その前提には、組織の整った国があり、決断力のある政府があり、実行力のある官僚機構があり、かつ情報を開示された市民がいなくてはならない。

このように考えていくと、国家の今後を考えることは、これからの世界を見通す上で不可欠な作業であることがわかる。ポスト・イージーオイル時代に、国家はどのような荒波にさらされることになるのだろうか。

4　国家の時代の終わりの始まり

われわれは、通常、国際社会について考える際に、アメリカが、イギリスが、フランスが、日本がという形で、国民国家を主たる単位として思考をめぐらす。そもそも「国際」という言葉自体が、「国と国の間」を指し示している。こうした国際社会の状況は、主権国家システムと言われている。

主権国家システムの起源は、1648年のウェストファリア条約に求められる。これを機にヨーロッパで主権国家システムが確立したと解されている。主権国家システムの特徴は、各国の主権のおよぶ範囲が国境線に沿って厳格に定められている点にある。ヴェーバー（Max Weber）が言うように、国家とは「ある一定の領域の内部で（この「領域」という点が特徴なのだが）正当な物理的暴力行使の独占を（実効的に）要求する人間共同体」を指す（マックス・ヴェーバー『職業としての政治』岩波文庫、1980年）。ここで指摘される領域は実に厳格に定められていて、ズレることがない。領域の内部は完全なる主権がおよぶが、そこから1ミリでも外に出ると主権がおよぶことはない。

また、国際社会において、国家の上に立つ権威（上位権威）が存在しないことも主権国家システムの特徴である。国家の中であれば犯罪者を警察が捕らえ、裁判所がその罪を裁いてくれるが、国際社会ではそれらを確実に担保してくれる主体は存在しない。国家と国家は、時として自らの利益を確保するために力と力とでぶつかり合う。国際社会がしばしば弱肉強食のジャングルにたとえられる所以である。

今、苦境に立たされているのが、こうした統治単位としての国家そのものである。前述の「国家衰退論」のように、グローバル化が進む中で相対的に国家の意義や役割が失われているという話ではない。むしろ、不安定な時代が続く中で、国家の役割も国家への期待も高まっているにもかかわらず、国家がそうした期待に応えられなくなりつつあるのである。もしかすると、国家そのものもエディション3の産物に過ぎず、エディション4の時代には同じような形で生き残るのが難しいということかもしれない。

日本は明治以来、近代的な国民国家の樹立に励んできた。中央集権的な近代国家がその主権を領域の隅々にまで行き渡らせるためには、膨大なエネルギーを必要とする。近代的な軍を整備し、警察や消防などの組織を離島も含めて全国に展開しなくてはいけない。エントロピーの法則ではないが、「集め」「秩序を維持する」ためには、エネルギーの投入が不可欠なのである。

現在、国連の加盟国数は193カ国である。日本のような国家が、この地球上に200近くも存在していることを意味するが、大半は第2次世界大戦後に誕生している。第1章で触れたように、第2次世界大戦を契機に世界は本格的に石油の時代へと突入した。この時から、全世界の消費エネルギーは急速に拡大する。全世界を主権国家システムが覆っていく過程は、消費エネルギー量が急上昇した時代と符合するのである。

エネルギー制約は、国家が国家として振る舞うことを難しくするに違いない。エネルギー環境の構造的変化が国家にどのような困難をもたらすのかという詳細については次章で検討することとするが、影響を与えないわけがない。この圧力に耐えきれない国家は、融解ないしは崩壊してしまうだろう。

不安定化する国家

すべてがエネルギー制約によるものではないものの、国家が国家としての体をなさなくなってしまうと何が起きるかということについては、現在の中東の事例が示唆的である。今や、リビアもシリアもイラクも、ほとんど国家としての体をなしていない。国境の隅々まで主権を及ぼすどころか、シリアとイラクの間には国境をまたぐ形で「イスラーム国（ＩＳＩＳ）」なる国家なのか何なのかよくわからない「自称国家」が支配している有様である。

中東で大量発生した難民は、ヨーロッパ諸国に「難民危機」をもたらした。この危機を回避しようとするならば、国境管理を強化し難民の流入を防がなくてはならない。国民国家同士の「統合」がテーマだったヨーロッパ連合（ＥＵ）で、再び国民国家の閉鎖性が復活しようとしているのである。

実際のところ、今のような時代にあって国家が国民を守ろうとするならば、「国境の壁」を高くせざるを得ないのかもしれない。アメリカのトランプ（Donald Trump）大統領は、２０１６年の選挙戦においてメキシコとの間の「物理的な国境の壁」にまで言及した。また、環太平洋パートナーシップ（ＴＰＰ）協定に参加しないと表明し、北米自由貿易協定（ＮＡＦＴＡ）の大幅な変更を訴えて選挙に勝利している。グローバリゼーション（グローバル化）とはアメリカナイゼーションであるとまで言われ、グローバル化を推し進める張本人のような言われ方をしていたアメリカが、「グローバル化の逆流」方向に舵を切ったかのようである。

このような時代には、あらゆる「常識」を疑ってかかる必要がある。時間が経つに連れますますグローバル化が進むという常識も、頼る存在でこそあれ決して疑う存在などではなかった国民国家があり続けるという常識も、ただの幻想に過ぎないのかもしれない。われわれが醒めるべき魔法は成長信仰のみならず、グローバル化の進展や国民国家の永続性などを含め、幾重にも張り巡らされている可能性がある。

5　国際社会の時代から地球社会の時代へ

「国際」社会が前提としている主権国家システムにも、構成単位である国民国家そのものにもほころびが見え始めているとするならば、この世界大に広がる社会をわれわれはどのように捉えていったらよいのだろうか。

国家がすぐに無くならないとしても、たとえば中東やアフリカの一部のように、国家による主権がおよばない空白地帯が拡大する可能性は十分にある。実際、今でも名目上は主権国家の範囲内であっても統治しきれていない場所は、この地球上にはいくつもある。国家が崩壊してしまうと、その国の周辺国も不安定化することになる。地域の秩序にも、少なからず影響を与えることになるだろう。

ただ、筆者がシリアに住んでいた時の現地の友人たちが、今シリア国内でおかれている状況を目の当たりにして痛感するのは、国家が壊れようと、いつ降ってくるかわからない爆弾に怯えようと、どのような状況におかれても人は何とかして生き続けなくてはいけないという冷徹な事実である。10年以上前、シリアの友人たちと語らい、お腹を抱えて笑い合った街角のカフェは、すでになくなってしまっているかもしれない。あの当時、ほんの数年後に、シリアであたり前のように繰り広げられていた日常が一瞬にして脆くも崩れ去ってしまうとは、想像すらできなかった。変化は急にやってくる。

「生きる」という人間にとっての根源的な営みについて思いを巡らせるならば、立ち返るべきは、この地球上においてわれわれはどのような存在なのかということである。考えてみれば、地球と人間との関係には圧倒的な非対称さがある。人間にとって地球はなくてはならない存在であるのに対して、地球にとってみれば別に人間は必須の存在ではない。環境破壊や環境汚染を考えるならば、むしろ、人間などいない方が地球にとって都合がよいかもしれない。

国家の統治能力に翳りが見え始めても、そしてたとえ国家そのものが機能不全に陥ってしまったとしても、極端なことを言えば世界がどうなってしまおうとも、生ある限り人間はこの地球上で生きていく必要がある。「そんなことがまさか自分の身に降りかかるとは思いもしなかった」というのは、今もシリアに留まって必死に日々の生活を送っている、筆者の友人とて変わりない。シリア人として生まれ、シリア社会に生きる方が、日本人として生まれて日本社会に生きるよりも、歴史の荒波に飲み込まれる可能性が高かったということだけなのかもしれない。現時点で判断すればそうかもしれないが、今中東で起きていることは、世界がこれから経験する大激動の序章に過ぎない可能性だってある。文明論的大転換の時代には、「想定外を想定しておく」胆力が求められるのである。

生物としての「私」

この局面において個々人に提案したいのは、「生きる」ことを原点からシンプルに考えてみてはどうだろう、ということだ。地球という惑星に暮らす生物としての私が、生物として必要としているのは、新鮮な空気、水、衣・食・住といったところだろうか。一人で暮らすのは困難なため、家族、親類などが集まり、さらにそうした世帯が集まってコミュニティを形成している。コミュニティの規模は様々である。町内会や自治会のレベル、村や街のレベル、さらには都市のレベルと続いていく。

われわれ現代人は、国家を所与のものとして捉え、国家を単位にものを考える習慣がついているが、人間を「地球に暮らす生物」という視点で考え直し人類史を振り返ってみると、今のような国家の歴史は、人類史の中のほんの一瞬の出来事に過ぎないことがわかる。

エディション2時代が始まり、文明らしい文明が生まれてからというもの、長いこと人々が生活を行ってきたコミュニティは、村であり、街であり、都市であった。国家の歴史よりも、村や街や都市の歴史の方が圧倒的に長いのである。化石燃料に頼ることなく近代的な国民国家を作り上げ、維持していくことは難しいかもしれないが、化石燃料に頼らなくても村や街や都市を成立させることができるということは、歴史が証明している。

そう考えてみると、これからはどの国に住むのかということもさることながら、どの都市（村や街も含む）に住むのかということの重要性が増すことになるだろう。国際社会の中で持ちこたえられなくなる国家が出てくるかもしれないが、仮に国家がなくなってしまったとしても、その内部にある都市が消えてしまうわけではない。国家の寿命よりも、都市の寿命の方がはるかに長い。

最近、「国際社会」という言葉と「地球社会」という言葉を、意識的に使い分けるようになった。とりわけ、エディション4の時代についてあれこれと考える時に意識しているのは、国と国とが織りなす国際社会の方ではなく、地球社会という言葉が表そうとしている世界観であり地球観である。

筆者が「地球社会」という言葉を気に入っているのは、この言葉が資源、エネルギー、生態系といった、自然科学が扱ってきた領域をも包括し得る概念であるためである。世界のこれからを考えるにあたっては、社会科学的な領域から考えるだけでは不十分であり、社会科学的思考にどれだけ自然科学的な知見を組み込めるかが求められる。難しいことを抜きにしたとしても、シンプルに「地球に暮らす生物」としての人間という視点から世界を捉えなおすことは、これからの時代を考える上での第一歩であると同時に、不可欠な知的作業でもある。

20世紀の「あたり前」と21世紀の現実

20世紀が国際社会の時代だったとしたら、21世紀は地球社会の時代と言うことができるだろう。20世紀の初頭、国家と国家が総力戦でぶつかり合った第1次世界大戦が勃発した。かつて人類が経験したことのないような大量の死傷者を出す戦争を経て、もう二度と同じ過ちを繰り返さないと思ったのもつかの間、たった20年後には、より悲惨な第2次世界大戦を引き起こしてしまう。第2次世界大戦が終わると今度は、超大国同士がぶつかり合う冷戦の時代に突入した。人類は、核戦争の恐怖に怯えなくてはならなかった。長かった冷戦が終わりやっと平和な時代がやってきたと思ったら、約10年の時を経て、今度は9・11を経験することになってしまう。

9・11が、21世紀の始まった年（2001年）に起きたというのは実に象徴的であった。第

郵 便 は が き

料金受取人払郵便

神田局
承認

3208

差出有効期間
平成30年5月
31日まで

101−8791

507

東京都千代田区西神田
2-5-11出版輸送ビル2F
㈱花 伝 社 行

お名前《ふりがな》 お電話
ご住所（〒　　　　　　　　） （送り先）

◎新しい読者をご紹介ください。

お名前《ふりがな》 お電話
ご住所（〒　　　　　　　　） （送り先）

愛読者カード

このたびは小社の本をお買い上げ頂き、ありがとうございます。今後の企画の参考とさせて頂きますのでお手数ですが、ご記入の上お送り下さい。

書名

本書についてのご感想をお聞かせ下さい。また、今後の出版物についてのご意見などを、お寄せ下さい。

◎購読注文書◎

ご注文日　　年　　月　　日

書　　名	冊　数

代金は本の発送の際、振替用紙を同封いたしますので、それでお支払い下さい。（2冊以上送料無料）

なおご注文は　FAX　03-3239-8272　または
メール　kadensha@muf.biglobe.ne.jp
でも受け付けております。

1次世界大戦も第2次世界大戦も冷戦も国家と国家のぶつかり合いであったのに対して、9・11が象徴する対テロ戦争の時代の特徴は、国家と非国家主体（テロ組織）という非対称な主体同士のぶつかり合いだという点にある。テロ組織は、必ずしも国家の枠組みや国境線に縛られるわけでもなければ、各種条約といった国家間のルールに従うわけでもない。国家が主体であることを前提として作り上げてきた国際社会の秩序に、ほころびが見え始めている。

20世紀は石油の世紀でもあった。第1次世界大戦を契機に、イギリス海軍は石炭を動力とした船から、石油を動力とした船に切り替えていく。以降、戦いの動力源としての石油の地位は揺るぎないものとなった。第2次世界大戦の前後には、大油田が相次いで発見された。1938年にはクウェートの大ブルガン油田が発見され、1948年には世界最大であるサウジアラビアのガワール油田が発見されている。その後も中東やアメリカを中心に大油田が相次いで発見されるようになるが、油田発見のピークは1965年頃であった。

原油供給量はその後も急速に伸びていくが、油田の発見については翳りが見え始める。1970年代には北海油田を含むいくつかの大油田が発見されたが、それ以降は皆無である。この時発見された北海油田にしても、1990年代の後半に生産ピークを迎えている。1980年代に入ると、その年の油田発見量よりも、その年の原油消費量が上回るようになる。この時から人類は、過去に発見された油田のストックを切り崩しながら原油生産を続けている（ジェレミー・レゲット『ピーク・オイル・パニック――迫る石油危機と代替エネルギーの可能性』作品社、2

006年)。そして、イージーオイル時代は20世紀までで終わりを告げ、21世紀からはポスト・イージーオイル時代へと突入するようになった。

これからは、国際社会という視点から世界を捉えるのではなく、地球社会という視点から世界を捉えていく必要がある。経済が成長をし、拡大をしていく局面では、みんながハッピーになれる可能性もあった。ところがひとたび成長が限界に達し縮小局面に突入すると、弱いものから倒れていく「サバイバルレース」が始まってしまう。このレースに巻き込まれるのは、国家だけではない。国家はもちろんのこと、都市も、企業も、あらゆる組織も巻き込まれていくことになる。

リビアやシリアやイラクのことを、どこか海の向こうにある遠くの不幸な国と哀れみの目で見ていてはいけない。ギリシャやイタリアやスペインといった、われわれに「なじみ深い」国であっても国家債務危機が囁かれる時代である。自分たちの近隣諸国や、場合によっては日本にだって、火の粉は降りかかってくるかもしれない。危機をあおるつもりはないが、今世界で起きている状況を冷静に見つめ直し、それでもなお全く危機感を持たないというのも、それはそれで問題だと思う。

われわれの生活にとって国家が重要であることは疑いないが、国家が万能であると考えるわけにもいかない。エネルギー環境が構造的に変化してしまった今、国家は国家であり続けようと必死になっている。失敗すると、深刻なダメージを受けてしまう。そのくらい強い圧力に国家は晒されている。

国家が存在するというあたり前は、決してあたり前ではないと心しておかなくてはいけない。

第3章　逆風に晒される国家と民主主義の将来

1　「春」から「冬」へと逆戻りしたエジプト

２０１１年の2月、約1ヶ月間エジプトのカイロに滞在していた。前年の12月には、チュニジアで独裁的な地位にあったベン・アリー（Zine El Abidine Ben Ali）が大統領の座を追われ、亡命を余儀なくされた。余波はすぐにエジプトにも押し寄せた。1月25日に始まったデモは瞬く間にその規模を拡大させ、18日後の2月11日には、ムバーラク（Hosni Mubarak）大統領の辞任が伝えられた。

その直後にカイロに到着した筆者は、デモを担った若者たちをはじめ、多くのエジプト人にインタビュー調査を行った。革命から数日たった後でも、デモに参加した若者たちは、みな興奮しながら当時のことを振り返っていた。どのようにしてデモを成功に導いていったかを語る彼らの口調は、どこか誇らしげでもあった。デモの中心地となったカイロ市内のタハリール広場には、まだテントを張って泊まり込んでいる人々が大勢いた。街全体に、熱気と将来への希望が満ちあふれていた。

ムバーラクが大統領職の辞任を表明してから1年4ヶ月という長い時間を要したが、2012年6月30日、エジプトで初めての民主的な選挙を経て新しい大統領が誕生した。決選投票の末当選したのは、ムスリム同胞団のムルシー（Mohamed Morsi）だった。ところが、初めての民主的な選挙を勝ち抜いたムルシー大統領は、就任からわずか1年でその座を追われることになる。2011年のデモと違い、より暴力的なデモとなった2013年のデモを経て、政権の座についたのは軍出身のシーシー（Abdel Fattah el-Sisi）だった。シーシー政権下のエジプトでは、ムバーラク時代を彷彿させるかのような強権的な政治へと逆戻りしてしまった。

2011年のエジプトは確かに「春」を感じていた。ところが、わずか2年あまりでかつての「冬」に戻ってしまう。

実はこの背景にも、エネルギー環境の構造的な変化が関係している。エジプトの直面する苦悩は、エジプトに固有のものではない。それどころか、エディション3的な社会、すなわち枯渇性資源に依存した社会設計をしているすべての国の行く末を考えるにあたって、極めて示唆的な事例なのである。

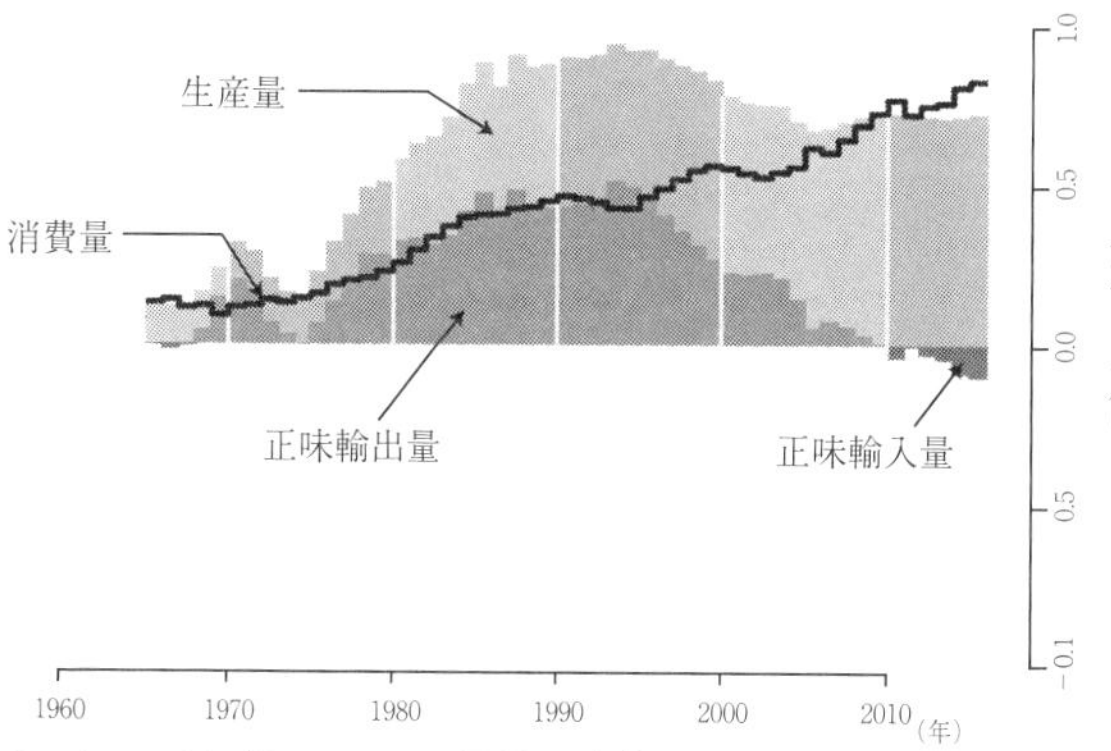

図3－1　エジプトにおける原油の生産量、消費量、輸出量の推移

（出典）"Mazama Science" <http://mazamascience.com/databrowsers.html> のデータ描画ツールを使用して作成。オリジナルデータは、BP社による『BP Statistical Review 2016』を使用。

背景にあった根本的な構造変化

図3－1は、エジプトにおける原油の生産量、消費量、輸出量の推移を表したグラフである。このグラフが示しているように、エジプトにおける原油生産は、1970年代から1990年代にかけて毎年のように産出量を増やしていったが、1990年代に入ると産出量が横ばいとなっている。エジプトの原油生産がピークを迎えたのは1993年である。それ以降、1993年を上回る生産を記録した年はない。

重要なのは、原油の輸出量である。エジプトの原油輸出量がピークを迎えたのは1996年であるが、注目しなければならないのは、ピークを迎えてからの減衰率が著しいという点である。図3－1が示すように、最大量の輸出を誇った1996年以降、輸出量は一気に減り始め、2000年代後半には輸出余力を失い、原油輸入国に転落している。

原因は国内での原油消費量の増加である。一つの要因は近代化が進んだことで、1人あたりの原油消費量が増加したことであるが、決定的な要因は人口の増加である。エジプトにおける爆発的な人口の増加は、若年層の失業率の問題と共に、原油輸出国から原油輸入国への転落というもう一つの重要な変化をエジプト社会に突きつけた。

エジプトにとって原油の輸出収入が大切であるのは、これが燃料や食料品への補助金の原資となっていたからである。エジプトの人口は約8000万人であるが、そのうち15％程度の人が食料不足に直面しているといわれている。この数字は、1日あたり2ドル以下で生活している人の割合とほぼ同じである。彼らが食べられるようにするために、エジプト政府は補助金を支出してパンやエネルギーの価格を低く抑えてきた。

エジプトの財政を支えてきた要因のうち、原油収入をめぐる状況は過去20年で劇的に変化している。たった20年で、過去最高の原油輸出量を誇った年から、一気に輸出余力を失うところにまできてしまったのである。こうなると、これまでの水準で補助金を維持することが難しくなる。補助金の原資をめぐる状況が根本的に変化してしまったからである。

2000年代後半に、エジプト社会は社会を回し続けるための持続可能性を失ってしまった。枯渇性資源の宿命は、必ず供給のピークがやってくることにある。エジプトの場合、そのピークが1990年代にやってきた。枯渇性資源に依存する形で設計した社会は、枯渇性資源の宿命に呼応する形で、いつかは必ず持続性を失ってしまう。それが、枯渇性資源の定義でもある。

２０１１年のエジプトにおける「アラブの春」は、いつかは必ず起こった政治変動だった。デモの中心を担った若者たちは、腐敗や縁故主義、不公正や不正義が蔓延しているムバーラク体制を批判していたし、ムバーラク体制を倒してこれらの問題をなくせば、エジプトという国家も経済も社会も良くなるだろうという希望を抱いていた。青年たちの主張は正しい。彼らが指摘していたような状況は確かにあったし、解決されるべき問題でもある。

しかし、その背後では、より根本的な構造変化が進行していたという点を見過ごしてはならない。この問題を政策的に解決することは極めて困難である。対処する相手が地球という環境がおかれている物理的な特性に起因しているとあっては、少なくとも、短期的に解決を可能とする魔法の処方箋を見つけ出すことはできない。この問題は、一見するとこれまで経験してきたのと同種の経済問題のように見えて、その本質は枯渇性資源に依存して設計した社会が抱え込む持続不可能性の表出という地球物理的な問題なのである。

政策的な解決が難しいということは、どのような政治アクターが政権を担っても、社会が直面する困難を取り去ることが難しいということである。エネルギーと食糧へのアクセスの確保は、社会の安定にとって極めて大きな役割を果たす。逆に言えば、この点で問題が生じれば、社会は不安定になるということでもある。

今エジプトで起きている状況について、エジプトは再びムバーラク時代へと回帰しているという見方がある。軍の利権構造は維持され、軍出身の大統領が出てくるとなれば、こうした分析は的を射ている。しかしながら、ムバーラク時代と決定的に異なるのは、エジプト社会を支えている構造が根本的に変化してしまったという点である。

軍主導での政権に戻り、エジプト国民が何より望んでいる国の一体性や秩序・治安の維持が確保されれば、多少自由が制限されても仕方がないという考え方を示すエジプト人も多い。長期的な課題であるという認識はあるものの、この先には経済の回復があると期待する人々も少なくない。しかしながら、どこの誰が政権を担ったとしても、エジプト社会が抱える構造的な問題を解決することは難しいだろう。なぜなら、乗り越えなくてはいけないのが、枯渇性資源が持つ地球物理的な特性という、人間の技術では到底太刀打ちできないような相手だからである。

2　「エジプトの次」はどこなのか?

エジプトの事例を見ていてつくづく思うのは、ピーク前の世界とピーク後の世界で、社会の余力とそれに連動した社会状況が異なるものになってしまうということである。右肩上がりの時代と右肩下がりの時代とでは、社会の様子が異なってしまうのである。

枯渇性資源に依存して社会を設計しているという意味では、何もエジプトに限らず、現代文明的なメリットを享受しているすべての社会が該当する。とはいえ、全世界を対象として考えるのはやや乱暴であるので、エジプトと同様な形で枯渇性資源に依存（特に原油生産に伴う輸出収入に依存）している他国の様子を見ることにしよう。調べてみると、エジプトと似たようなグラフの形状は特別なものではなく、むしろよくあるパターンであることが見えてくる。

たとえば、図3-2はマレーシアにおける原油の生産量、消費量、輸出量の推移を表したグラフであり、図3-3はインドネシアにおける原油の生産量、消費量、輸出量の推移を表したグラフである。原油の生産量や輸出量に違いはあっても、グラフの形状はエジプトのものと極めて近いことがわかる。両国とも、最近では原油輸出余力を失い、原油輸入国へと転落している。かつて得られていた原油輸出収入分は、他で補わなければ急増する国内人口に対処することができなくなってしまう。経済構造の変化や、経済運営の失敗による社会的影響は大きい。

同様の視点は、産油国の社会情勢の変化を分析するにあたって有用である。どの産油国も、基本的には似たような構造的変化を経験することを踏まえるならば、現在のところ原油の輸入国には転落していないものの、近い将来同様の状況に直面する可能性のある国家を洗い出すことができる。

たとえば、図3-4が示すメキシコの事例である。メキシコには、世界有数の巨大油田であるカンタレル油田がある。メキシコの原油生産は2000年代中頃にピークを迎えており、現在は減衰期に入っている。メキシコの原油輸出量のピークは2003年の日量179万バレル

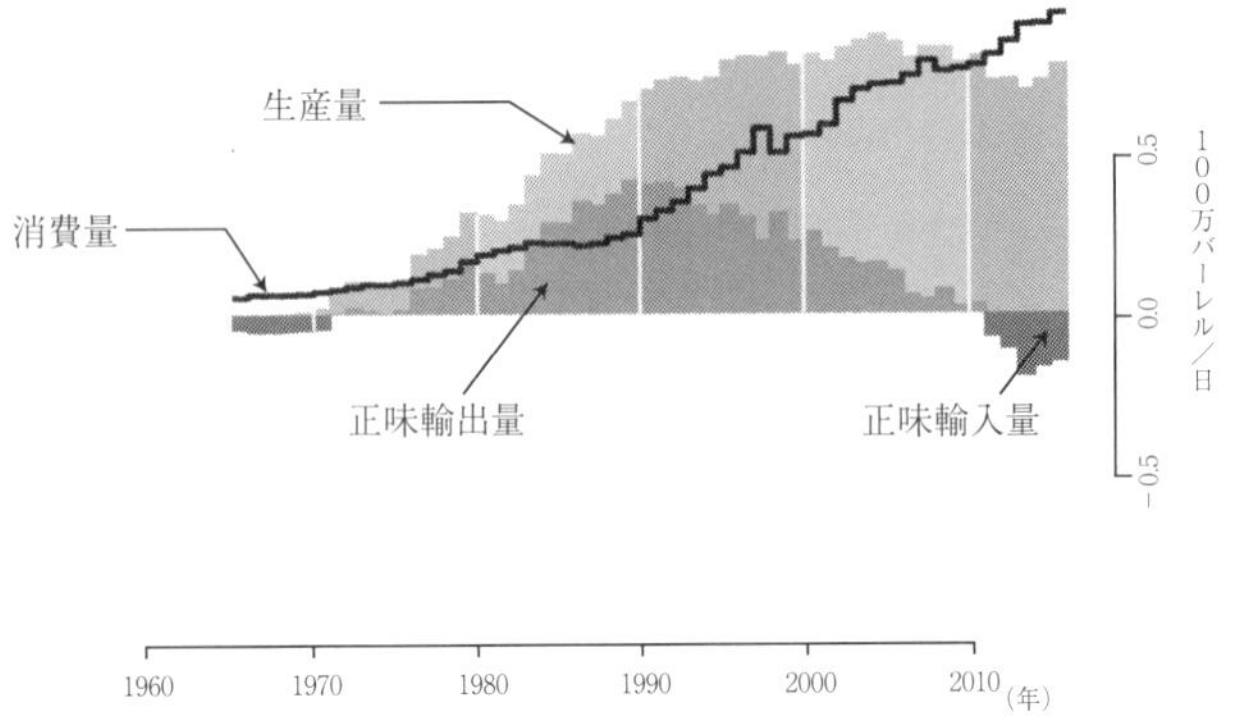

図3-2　マレーシアにおける原油の生産量、消費量、輸出量の推移

（出典）“Mazama Science” <http://mazamascience.com/databrowsers.html> のデータ描画ツールを使用して作成。オリジナルデータは、BP社による『BP Statistical Review 2016』を使用。

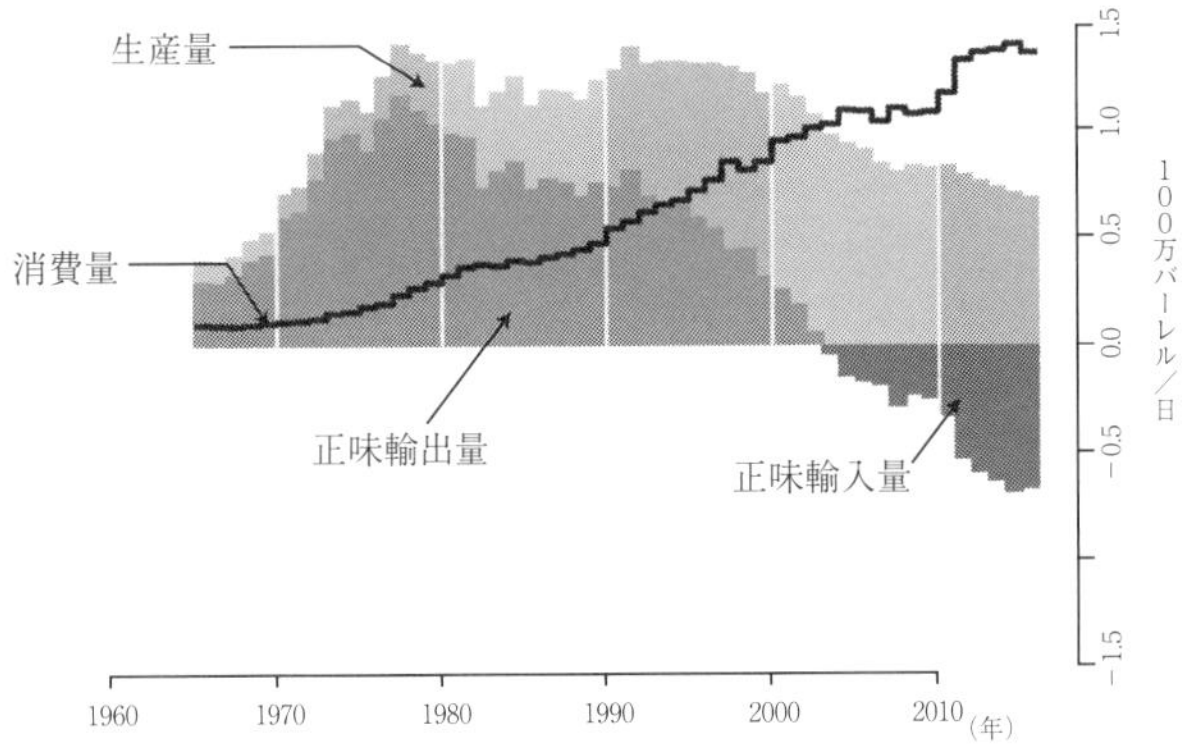

図3-3　インドネシアにおける原油の生産量、消費量、輸出量の推移

（出典）“Mazama Science” <http://mazamascience.com/databrowsers.html> のデータ描画ツールを使用して作成。オリジナルデータは、BP社による『BP Statistical Review 2016』を使用。

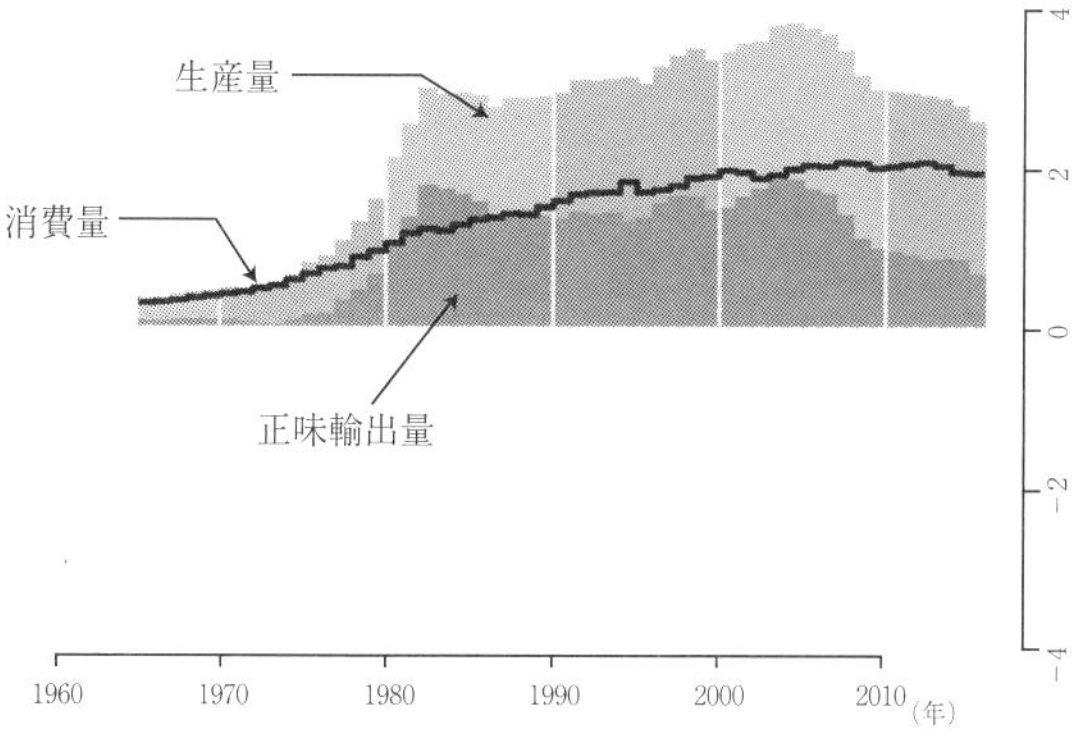

図3－4　メキシコの原油生産量、消費量、輸出量の推移

（出典）“Mazama Science” <http://mazamascience.com/databrowsers.html> のデータ描画ツールを使用して作成。オリジナルデータは、BP社による『BP Statistical Review 2016』を使用。

であったが、7年後の2010年には約半分の日量90万バレルにまで落ち込んでいる。

他方、メキシコでも国内人口は増加傾向にある。図3－4が示すように、原油の国内需要は右肩上がりであるにもかかわらず、原油の輸出量は右肩下がりで推移している。このままでは、数年後には原油の輸出余力を失ってしまう。完全に失わないまでも、輸出収入が少なくなれば財政的な問題を引き起こしかねない。

メキシコの食料事情としては、トウモロコシと小麦が重要であるが、世界的な天候不順やインフレによって不安定な状況が続いている。メキシコの事情は、国境を接しているアメリカにとっても重要な問題である。アメリカにとってメキシコは、カナダとサウジアラビアに次ぐ原油輸入相手国の第3位を占める

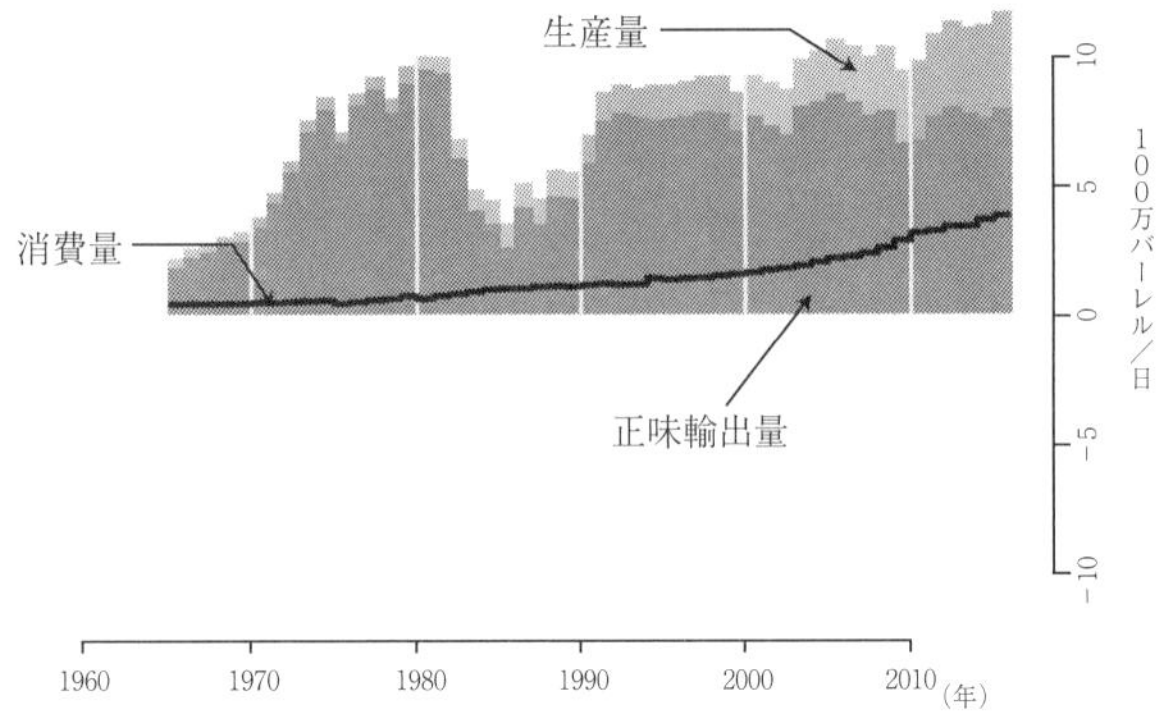

図3-5　サウジアラビアの原油生産量、消費量、輸出量の推移

（出典）"Mazama Science" <http://mazamascience.com/databrowsers.html> のデータ描画ツールを使用して作成。オリジナルデータは、BP社による『BP Statistical Review 2016』を使用。

国である。メキシコに代わる輸入先を探す必要が生じることと共に、メキシコ国内が混乱することになると国境警備の観点からも注意が必要となる

サウジアラビアの構造改革

世界最大の産油国であるサウジアラビアの場合はどうであろうか。サウジアラビアの状況を示したグラフが図3-5である。サウジアラビアの場合は、まだ原油生産のピークに達していない。生産量を増やす余力は今後もあると言われているが、いつまでも増やし続けることはできない。世界最大のガワール油田を抱えるサウジアラビアであっても、その他の世界中の油田が例外なく経験してきたように、いつかは原油生産のピークを迎えることになる。

他方、サウジアラビアでは、人口増加に加え、火力発電による電力供給を行っていることもあり、原油の国内消費量が増加傾向にある（海水を淡水化するプロセスに電力は不可欠であり、飲料水を確保するために電力を必要としているという国内事情もある）。社会システムの多くを原油収入に頼っているサウジアラビアにとっては、現状でもすでに大きな圧力を受けている。

原油生産が（おそらくそう遠くない将来に）ピークを迎えることを防ぐことはできないし、人口が増加する社会で原油の国内消費を抑えることも難しい。補助金を削減してエネルギー価格を引き上げれば節約を促すことができるかもしれないが、安いエネルギーに慣れていた国民にとっては不満の種になるだろう。

油価も国家財政に大きな影響を与える。サウジアラビアの油田の採掘コストは安いとはいえ、国家財政を原油輸出収入が支えている状況にあっては、油価が安すぎては財政が成り立たない。油価がいくらなのかも重要であるが、ある程度油価が安定していることも、国家運営の観点から必要なことである。現在のように油価が安定せず、簡単に変動してしまうような状況は、国家の安定にとってはマイナス要因となり得る。

サウジアラビアは、石油収入に頼った社会設計からの脱却を目的として「ビジョン２０３０」を打ち出している。石油収入にのみ頼った国家運営に限界があることはこれまでも指摘されてきたが、本気で取り組まなくてはいけない状況になっていることの裏返しでもある。

「ビジョン２０３０」では、サウジアラビアを①アラブとイスラーム世界の中心、②投資大国、③3大陸（アジア・ヨーロッパ・アフリカ）を結ぶハブにすることを目標に掲げている。天然資源に頼るのではなく、人々の野心と若い世代の潜在力によって経済を牽引していこうとする試みである。

この動きは、かつてドバイが取り組んだ経済構造の改革を思い出させる。意外に思うかもしれないが、ドバイ首長国では原油がほとんど出ない。アラブ首長国連邦（UAE）の中で原油が出るのはアブダビ首長国であって、同国の原油輸出収入のほとんどはアブダビが稼ぎ出している。こうした背景があり、ドバイでは、原油のみに頼った経済からの脱却として、1970年代より経済構造改革に取り組んできた。

2000年代に入り、世界一高いビルや世界地図を模した人口島の建設など、ドバイの派手さを伴った経済的成功が盛んにメディアでも報道されるようになったが、ドバイの成功はいきなり訪れたわけではない。1970年代からの蓄積があって、2000年代に花開いたと考えるべきである。

もっとも、そのドバイも、2008年の金融・経済危機では大ピンチに陥った。アブダビ首長国からの融資にも助けられたことから、世界一高いビルの名前が「ブルジュ・ドバイ」（ブルジュはアラビア語で塔の意味）から、アブダビ首長の名前を冠した「ブルジュ・ハリーファ」へと変更されたのが象徴的であった。金融業、不動産業、観光業などを経済の柱としたドバイであったが、世界的な金融危機の前には、一国でなす術もなく、多大な影響を受けてしまうことが明らかとなった。

これまでのドバイの軌跡と、これからのサウジアラビアの取り組みを比較してみると、サウジアラビアの道のりの険しさを感じる。「ビジョン２０３０」とは、要はドバイがこれまでの40年間で取り組んできたことを、10年強で成し遂げようという野心的な試みである。取り組みのほとんどの時期がイージーオイル時代だったドバイと、ポスト・イージーオイル時代に突入してしまってから経済構造改革にやっと着手しようとするサウジアラビア、という対比も可能である。言い換えれば、全世界が右肩上がりの成長基調であった時期に経済構造改革に取り組んだのがドバイであって、全世界が縮小局面に差しかかってから経済構造改革に取り組もうとしているのがサウジアラビアだということである。

また、取り組みを行う主体の人口規模と、地理的な広がりの違いも気になる。「ドバイ人」がせいぜい数百万人しかいないのに対して、サウジアラビアは約３０００万人の人口を抱えている。そして、ドバイが「都市」を中心とした改革の取り組みであったのに対して、サウジアラビアは「国家」を単位として改革に取り組まなくてはならない。

サウジアラビアが抱える社会構造は持続可能なものではなく、現在のような原油輸出収入頼みの国家運営は、すでに困難な局面を迎えている。構造改革が不可避とはいえ、構造改革には時間がかかる。ましてや、世界はポスト・イージーオイル時代へと突入し、全世界的に経済成長が停滞している。この状況は、サウジアラビアに時限爆弾が仕掛けられているようなものである。爆弾の解除をしなくてはならないが、かなり複雑な爆弾であるために手がかかる。かといって、放置していては時間の問題で爆発してしまう。

サウジアラビアで不測の事態が起きると、世界は大混乱に巻き込まれる。中東の域内秩序の混乱は、現状に比べてさらに一段上のレベルに突入する。日本も無縁ではいられない。なにしろ、日本は原油輸入の8〜9割を中東地域に依存している上に、サウジアラビアは常に最大の原油輸入元となっている。サウジアラビアという国が、次第に持続可能性を失いはじめているのはデータからも読み取ることができるが、特別な対策を講じているわけではない。エジプトの「次」の国にサウジアラビアがならないことを祈っているだけ、というのが現状である。

3　ポピュリズムの台頭

エネルギー制約は、金融システムを不安定なものにし、経済成長にブレーキをかける。経済成長を宿命づけられた社会に暮らすわれわれは、あらゆる政策的手段を投入して経済対策を行うが、相手がエネルギー制約という物理的な要因とあっては、根本的な対応はできない。できるのは、「今」暴発しないようにする手当てであって、「延命策」と呼ばれても仕方がない。

その間、先進民主主義国であっても、様々な社会的矛盾が表出することになる。人々の憤りは、デモなどの抗議運動へと発展することがある。実際、中東で起きた「アラブの春」と同様に、ソーシャルメディアを駆使しながら大規模な動員をかけるという新しいタイプのデモ活動が、先進民主主義国でも発生するようになっている。

スペインのマドリードで行われた15M（キンセ・デ・エメ）抗議運動、アメリカのニューヨークでのウォール街占拠運動、イスラエルのテルアビブでの抗議運動、ギリシャのアテネで行われた反緊縮デモ、イギリスのロンドンでのフォーカスE15マザーズ公営住宅占拠運動など、例示すればキリがないほど数多くのデモが世界中で繰り広げられている。これらのデモで表明される人々の怒りのメッセージは、「本当のデモクラシーを」、「経済のデモクラシーを」、「われわれが反体制なのではない、体制が反民衆なのだ」など共通するものが多い。

背景にあるのは政治不信であり、既存のエリートたちに対する不信である。デモクラシーの国であるはずなのに、デモクラシーが機能していないことへの憤り、人口の1％に過ぎない富裕層が富のほとんどを独占してしまい、その他の人々との格差が開く一方であることへの怒りが人々をデモへと駆り立てている。アメリカの場合、過去30年間でトップ1％の所得が国民所得に占める割合は倍増しているが、下から60％の所得は横ばいだという。

既存の政党は、こうした怒りの声をすくい取れないでいる。ポスト・イージーオイル時代には、取り得る経済政策に限りがある。政権政党は、現行の金融・経済システムが暴発しないような対策をとることで精一杯であり、見かけ上の経済指標を良くしようと経済成長率や株価の見栄えに気を遣う。現実的な問題を考えると緊縮財政を採らざるを得ないが、大衆が望むのは反緊縮財政であり、ことごとく相容れない。結果として、大衆の望む政策を掲げる「ポピュリスト政党」が台頭し、支持を集めることとなる。

スペインでは若者の失業率が50％に迫る勢いだというが、そうした背景もあって、若手政治学者のイグレシアス（Pablo Iglesias）率いる政党「ポデモス（Podemos：われわれはできるの意味）」が支持を伸ばし、議席数も増やしている。イタリアでは、コメディアンのグリッロ（Beppe Grillo）が党首を務める「五つ星運動」が急速に支持を集めている。五つ星運動が大切に使用としている5つとは、①公営水道の維持、②持続可能な交通、③持続可能な開発、④インターネットへのアクセス権、⑤環境保護を指している。

仮にポピュリスト政党が政権を取ったとしても、経済的苦境の根本的原因としてエネルギー制約があるのだとしたら、彼らであっても問題を解決することはできない。今、メディアを賑わせている話題はポピュリスト政党の台頭であって、彼らが政権を握るのか否かであるが、真の問題は、ポピュリスト政党が国家運営に失敗した後にやってくるに違いない。既存政党でもダメ、ポピュリスト政党でもダメという現実が明らかになってはじめて、人びとは「何かおかしい」と気がつくのだろうか。それまでの間、「腐敗したエスタブリッシュメントvs.無垢な民衆」という構図の戦いが続くことになる。

なぜトランプが勝利したのか

ポピュリズムの台頭は、主にヨーロッパにおいて見られる現象であったが、２０１６年に行われたアメリカ大統領選挙でのトランプ候補の勝利は、アメリカにおいてもポピュリズムの波が湧き起こっていることを証明した。この選挙戦では、民主党の候補に社会民主主義者を自認するサンダース（Bernard Sanders）が立候補し、最後まで民主党の指名争いを繰り広げた。

大きく括れば、トランプもサンダースも、既存のエスタブリッシュメントに対する対抗勢力である。トランプが右から、サンダースは左から、「アメリカ式システム」を崩そうとした。少なからぬアメリカ国民が、こうした動きを支持したのである。当選後のトランプがどの程度選挙戦で示したスタンスを貫くのかは未知数であるが、反エスタブリッシュメントの候補が大統領選挙で勝利したという意味は大きい。

どうやら、この「エスタブリッシュメント」には、既存のメディアも含まれていそうである。選挙戦をめぐる報道では、クリントン（Hillary Clinton）候補を支持するメディアが多かったことに加え、最後の最後までクリントンが僅差で勝利するのではないかという報道がなされた。日本のメディアはより露骨で、「アホで過激なトランプ」というイメージを作り出すことに余念がなかった。

とはいえ、これは何らかの陰謀があったというよりは、単純に日本のメディアが付き合っているアメリカの情報源にエスタブリッシュメント側の人びとが多いということではないかと思われる。実はアメリカには、日本人がよく知っているアメリカと、日本人が知らないアメリカという二面性があることを理解しなくてはいけない。

図3-6は、フロリダ州における選挙区ごとにトランプとクリントンのどちらが勝ったのかを示した地図である。この地図を見ると、日本人がよく知っているアメリカ、たとえばディズニーワールドのあるオーランドや、マイアミなどではクリントンが勝利しているものの、その他、日本人が通常訪れることのないような場所ではことごとくトランプが勝利している。

同様の状況は、図3-7が示すニューヨーク州でも確認できる。日本人が知っているニューヨークは、マンハッタンであったり、近年雑誌等でお洒落スポットとして注目されているブルックリンだったりする。時には、ナイアガラの滝を見ようとバッファローの方まで行くかもしれないし、シラキュースにある州立大学に留学する日本人もいるだろう。そういった場所で勝利しているのはクリントンであるが、それ以外のほとんどの場所で勝利しているのはトランプである。

興味のある読者はその他の州の結果も見てもらえればよいが、「サードウェーブコーヒー」が注目されるポートランドも、カジノで有名なラスベガスも、そこではクリントンが勝利しているものの、オレゴン州全体やネバダ州全体では、トランプが勝利している選挙区が大半であることがわかる。伝統的に民主党の州であったミシガン州を見ても、デトロイトではクリントンが勝利しているものの、その他のほとんどの選挙区で勝利したのはトランプであった。

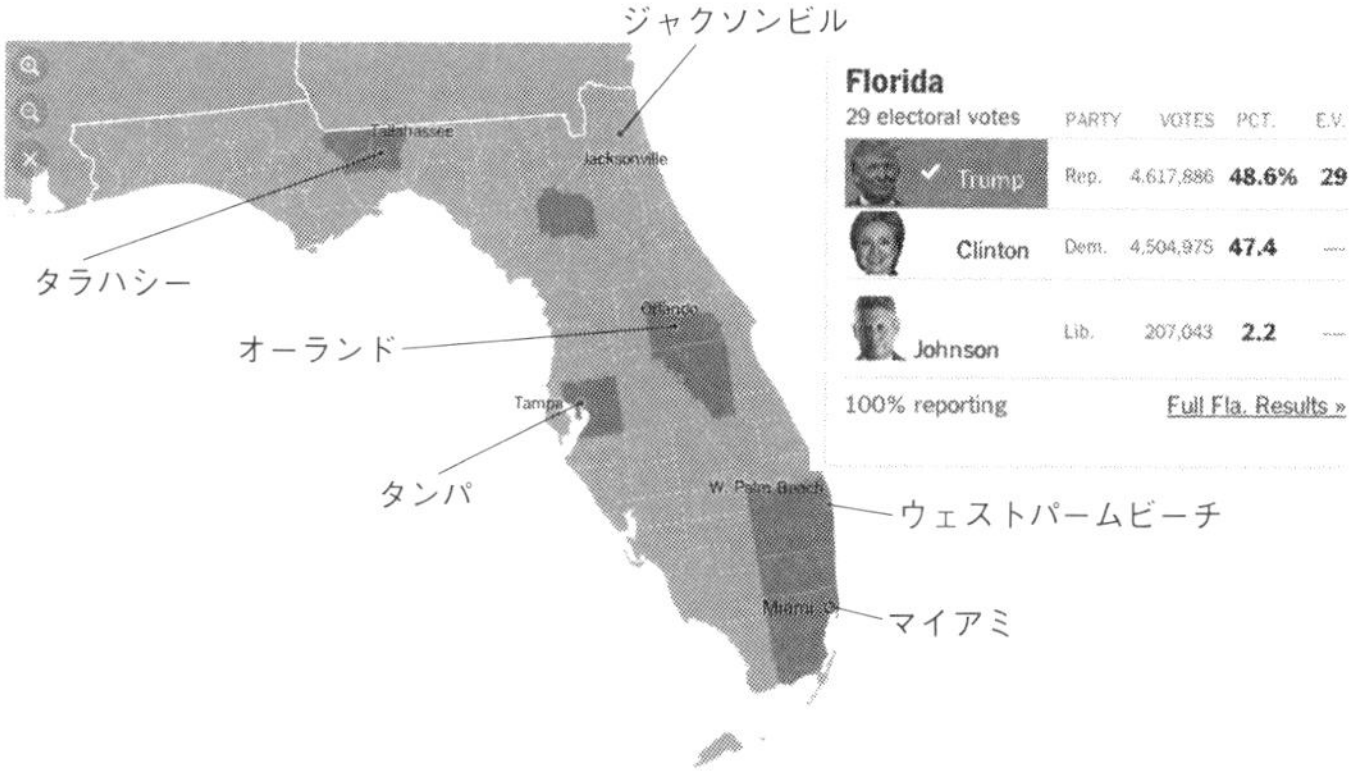

図３－６　フロリダ州における得票状況

（出典）"Presidential Election Results: Donald J. Trump Wins" *New York Times*, 2017, Accessed on January 4, 2017 <http://www.nytimes.com/elections/results/president> を基に一部筆者改変。

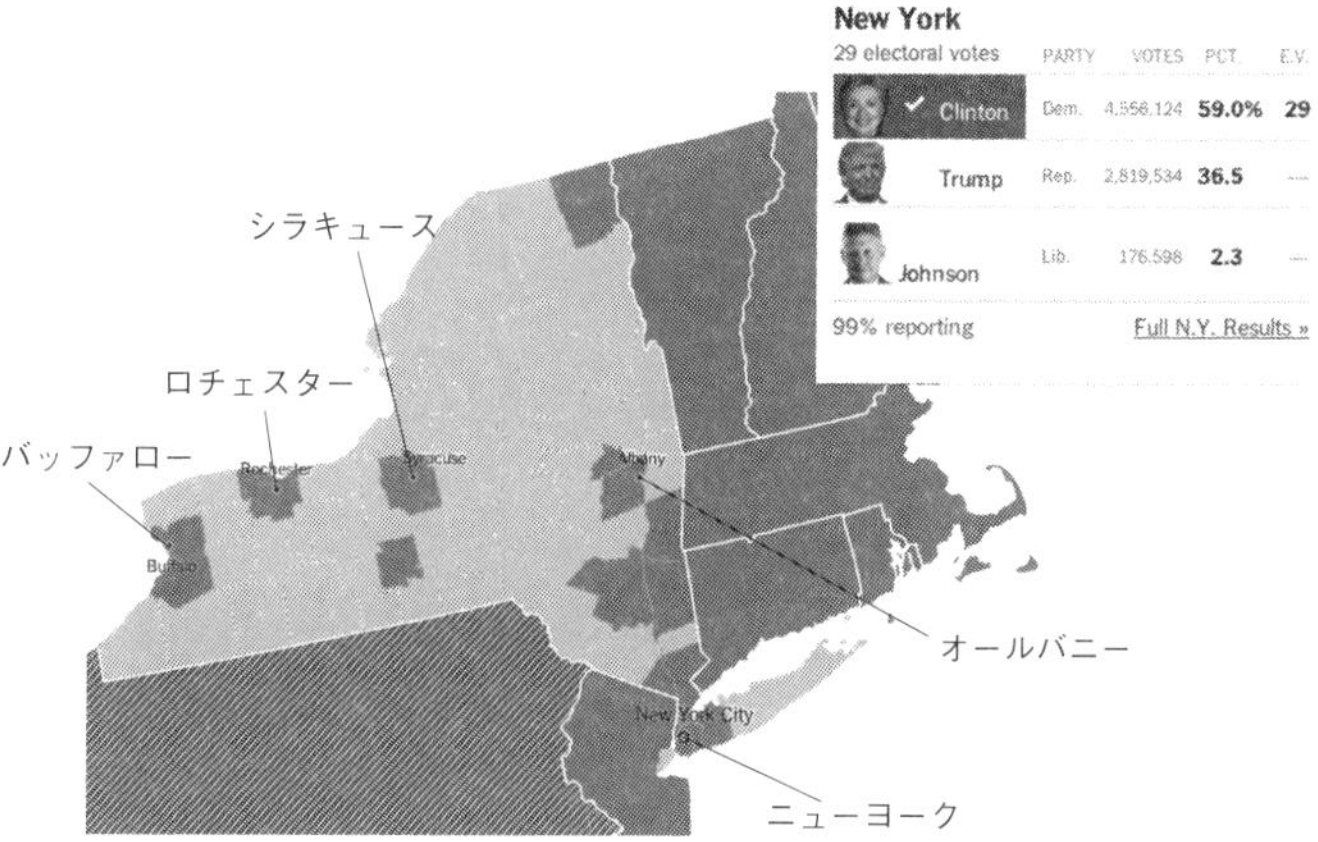

図３－７　ニューヨーク州における得票状況

（出典）"Presidential Election Results: Donald J. Trump Wins" *New York Times*, Accessed on January 4, 2017 <http://www.nytimes.com/elections/results/president> を基に一部筆者改変。

日本人が普段訪れる都市、日本人がよく知る会社、日本のメディアや識者とつきあいのあるアメリカ人の多くは、アメリカの中でもある種「表面」に過ぎないのであって、対となっている「裏面」をほとんどの日本人は知らないし、理解していない可能性がある。もしかすると当のアメリカ人も、とりわけエスタブリッシュメント層は、「裏面」のことをよくわかっていないのかもしれない。

この「裏面」に属するアメリカ人たちの多くは、2016年の大統領選挙でトランプに票を投じた。「チェンジ」を標榜しながら、結局、根本的な「チェンジ」を果たせなかったオバマ（Barack Obama）への失望があったのかもしれないが、急進的であっても何でも、今の状況を「チェンジ」してくれるかもしれない希望をトランプに見いだしたということなのだろう。そうだとすると、それほどまでアメリカの「裏面」は切羽詰まっている証しだと言える。

世の中はこの動きをポピュリズムの台頭として説明するが、エネルギー制約が効きはじめた世界では、この動きはますます加速することになるに違いない。縮小局面に入った社会は、時間が経過するにつれてどんどんと切羽詰まってくる。そして、おそらく真の問題は、「ポピュリズムの嵐が吹き荒れること」よりも、「ポピュリズムによって権力の座についた人びとであっても問題に対処できないこと」が明らかになった後で起きることになるだろう。

「次」を世の中の誰も担ってくれないのだとしたら、私たちはどうすればいいのか。そう、自分自身で何とかしなくてはならない。

4　民主主義の不況と情報通信技術

不況にあえいでいるのは、世界経済だけではなく、民主主義も同様のようである。民主主義論で有名なスタンフォード大学のダイヤモンド（Larry Diamond）は、このところ「民主主義の不況（democratic recession）」が起きていると論じる。この現象は、統計上も確認することができる。

フリーダムハウス（Freedom House）の指標を用いた計測では、１９７４年からのいわゆる「民主化の第3の波」以降、民主主義度の指標は、１９７４年の平均値4・38から２００５年の3・22へと改善されている（フリーダムハウスの指標は、1〜7までの7段階で評価され、数字が低いほど民主主義度が高いとされる）。ところがピークは２００５年であり、２００６年以降民主主義国の数は横ばいであり、民主主義度の指標も悪くなっている。

いくつかの要因が考えられるが、ダイヤモンドも指摘するように、「対テロ戦争」の時代になって国家の安全保障と自由や民主主義とのバランスを取る必要が生じていること、メディアへの検閲や情報の統制を行いやすくする技術とノウハウが広く世界中でシェアされるようになってきていることは、重要な論点である。特に、インターネットが広く世界中に普及し、社会や人びとのインターネット依存度が高まっている現在、インターネットを介した管理や統制は行いやすい環境にある。

また、エジプトの例をはじめ、国家が国家として維持存続していくことが困難な状況では、概して統制は厳しくなる。社会を野放しにしてしまうとシリアやイラクのようになってしまう可能性があり、国家が国家として存続していくためには統制が欠かせない。エリートたちは、既存の体制を守るためにあらゆる手を尽くすことになるだろうし、中には、国家の秩序を守るために民主主義を犠牲にするという選択も現実味を増してくる。民主主義を失うか、国家の秩序を失うかと問われた場合、たとえ国家が壊れてしまっても民主主義を保持するという選択ができる人は少ないだろう（もっとも、国家が壊れてしまえば、民主主義も壊れてしまうのだが）。

「アラブの春」が証明したように、ソーシャルメディアを用いることで、組織に頼ることなく大量の人びとを動員することが可能な時代となっている。他方、「アラブの春」以前から、アラブ諸国政府はインターネットによる政治基盤の侵食には神経を尖らせており、インターネット・コントロールを実施することで、インターネットが政治変動につながらないよう腐心してきた。

中国のケースが有名であるように、政府がその気になれば、特定のウェブサイトの閲覧を制限したり、メールや掲示板への書き込み内容を検閲したり、誰が、いつ、どのようにインターネット利用したかを後日参照可能な形でモニタリングすることができる。自由で匿名性の高いのがインターネットの特徴であると考えられがちだが、技術を用いてインターネットにコントロールの網をかけることはそれほど難しくはなく、不自由で匿名性の低い世界を作り出すことは容易なのである。

コントロールされる側の民衆も、技術によって政府によるインターネット・コントロールを迂回しようとしてきた。オンライン上での攻防について言えば、政府側のコントロールを技術的に回避することはそれほど難しいことではない。しかしながら、政府側は秘密警察なども動員し、オフラインで「見せしめ」のような逮捕・監禁（場合によっては拷問）を行うことで、自己規制を誘発させようとしていた。この時期、政府と民衆との間の攻防は、政府側が有利な構造を有していた。

この点、ソーシャルメディアの登場が画期的であったのは、政府側が有利な構造を覆すだけの可能性を秘めていたからだ。「アラブの春」をめぐる民衆のソーシャルメディア利用には、2つの革命的な変化を見てとることができる。

第1に指摘されるのは、動員に関する変化である。ソーシャルメディアを効果的に使用することで、従来のように組織に頼ることなく、また明確なリーダーが不在であっても、不特定多数を動員できるようになった。

第2に指摘されるのは、政府側が築いていた情報を囲い込むための壁を透明化させる役割を、ソーシャルメディアが担ったという点である。警官が汚職や暴行を働いている瞬間を捉えた携帯電話の動画や、政府内で不正を働いていたことを示す文書の画像がフェイスブック

（Facebook）やツイッター（Twitter）に瞬時に投稿され、共有、拡散されるようになった。ソーシャルメディアは、情報統制という「壁」で守られていた秘密を「透明化」「可視化」する方向に作用したのである。

エジプトにおける政治変動で主要的な役割を担ったゴネイム（Wael Ghonim）は、一連の出来事を「革命２・０（revolution 2.0)」と命名した。彼の言う革命２・０とは、「ヒーローがおらず、すべての人がヒーローであり、みんなが少しずつ貢献しながら、最終的に世界最大の百科事典を作り上げてしまうというウィキペディア（Wikipedia）のようなもの」であり、ソーシャルメディアの活用によって特徴付けられるデジタル時代の革命だということを意味している。

こうした「革命２・０」の特徴を有したデモは、アラブ圏にとどまることなく、前述のように「ウォール街占拠運動」など先進民主主義国におけるデモ活動へと踏襲されていった。日本でも、「原発再稼働反対デモ」や「安保法制反対デモ」など大規模な動員を伴うデモが発生しているが、ソーシャルメディアとの関係性という点では同じ流れに属する政治現象として捉えられる。

ここまでの流れを見れば、政府によるインターネット・コントロールを乗り越えたのがソーシャルメディアであって、ソーシャルメディア時代には技術を利用することで民主主義の質を高めることができるのではないかと期待も高まる。確かにソーシャルメディアは、政府の監視や牽制のために、同じ関心を有する人々の連携や情報交換、共有にとって便利なツールである し、政治的意思表明のための街頭デモを組織し実施するためのツールとしても効果を発揮している。

ところが、ソーシャルメディアが民主主義にとってプラスであるかとなると、心許ないところがある。

ソーシャルメディアが直面する「5つの挑戦」

エジプトの政治変動を「革命2・0」と名付けたゴネイムは、当初、インターネットおよびソーシャルメディアを高く評価していたものの、最近になってその評価を変えたことを告白している。

ゴネイムの「5年前（ムバーラクが辞任した直後）、私は『もし社会の自由化を望むならば、インターネットがその役割を果たしてくれる』と述べたが、今日では、『もし社会の自由化を望むならば、まずはインターネットを自由にする必要がある』と信じている」という言葉に表れているように、彼は、現在のインターネット環境は必ずしも社会にとって良いものではないとの懸念を表明している。

彼は、今日のソーシャルメディアが直面する重要な挑戦として、以下の5つを挙げる。第1の挑戦は、デマや噂との関わり合い方である。ソーシャルメディアでは、しばしばデマや噂が飛び交い、それらを簡単に広めることが可能であるが、われわれはこれらとどう関わり合うべきかよくわかっていない。

第2の挑戦は、「エコー室」に関する問題への対処である。ソーシャルメディアにおいて、通常つながっているのは自分と政治的な価値が近い人々であり、彼らのつぶやきや投稿は、聞いていて心地よいものが大半である。自分が同意できるような人とのみコミュニケーションを取ってしまう傾向がある上に、ソーシャルメディアにはそうでない人を排除するための、ミュート、フォロー外し、ブロックなどの機能が実装されている。現在のソーシャルメディアは、自分と同じような考え方が絶えずこだまする「エコー室」にいるようなものであるという問題認識である。

第3の挑戦は、オンライン上の議論は、怒れる群衆による強い語気でのやり取りへと簡単に転化しやすいという問題への対処である。スクリーンの向こう側にいるのは自分と同じ生身の人間であるにもかかわらず、そのことを忘れがちで、人格を無視したような罵詈雑言が飛び交うことが多い。

第4の挑戦は、ソーシャルメディアでは意見を変えることが極めて難しいという問題への対処である。ソーシャルメディアでは、そのスピードと簡潔さのため、複雑な世界情勢についてでさえ一気に結論を述べるよう誘導され、（ツイッターで投稿するための文字制限である）140文字以内で尖った意見を書くことが求められる。そして、一度表明した意見は、インターネット上に永遠に残ってしまい、たとえ新しい証拠が出てきたとしても自分の見方を変えるモチベーションは少ない。

第5の挑戦は、今日、我々のソーシャルメディア上の経験は、お互いに向き合ってきちんと関わり合うというよりは自分の意見を一方的に広める方向に、議論をするというよりはどんどんと投稿をするという方向に、深い対話というよりは思慮の浅いコメントをするという方向にデザインされてしまっている問題への対処である。お互いに話すということではなく、一方的に話すという状況が生まれている。ゴネイムは、特にこの第5の挑戦を重要なものとして位置付けている。

ソーシャルメディアでは、よりセンセーショナルで、より一方的で、怒りに満ちた攻撃的な投稿をした方がアクセスを集め注目されやすいという性質がある。また、インターネット上で言論活動を行いそれを生業とするためには、アクセス数を集めることが重要であり、あえて「炎上」を誘うような激しい表現を使おうとする動機も生まれやすい。

結局のところ、ソーシャルメディアが民主主義にとってどんな時もプラスの存在であるとは言い難く、それどころか、一旦は乗り越えたかに見えた政府によるインターネット・コントロールも、ソーシャルメディア時代になってますます政府側に有利な構造が生まれつつあるのだ。

対テロ時代のインターネット・コントロール

アメリカの国家安全保障局（ＮＳＡ）に勤務していたスノーデン（Edward Snowden）が暴露したように、「対テロ戦争」および「サイバー戦争・サイバー攻撃」の時代には、民主主義国の政府であっても日常的に通信傍受を行っている。政府によるインターネット・コントロールは、非民主主義国の政府が統制を強めようとして行っているのみならず、「テロ対策」という安全保障上の課題に直面するようになった現在では、民主主義国においても無縁ではなくなっているのである。

政府によるインターネット上の監視（surveillance）は、プライバシーの保護といった民主主義的な諸価値と抵触するが、こうした手段を抜きにして国家の安全保障を担保することは難しい。ただし、一度こうしたシステムが構築されると、同じシステムを使って反政府的な言動を監視して取り締まる方向に利用することも可能となる。

通常であれば、民主主義国においてこのようなシステムを導入することは難しいはずであるが、対テロ戦争の時代には、「反テロ法」の中にインターネット監視の強化を書き込んだとしても反発が起きにくい。こうした状況は、現体制を守るためにインターネット・コントロールを強めたいと思う非民主主義国にとっても都合が良い。実際に中国では、最近になって通信事業者やインターネット・プロバイダに暗号解読のための技術提供を義務づける「反テロ法案」が可決されている。

ソーシャルメディアを活用することでどのように民主主義が制限されるのかを理解するにあたっては、非民主主義体制の下でのソーシャルメディアの扱われ方からヒントを得ることができる。たとえばタイでは、度重なる政治的デモを経て軍事政権が誕生し、民主主義は停止状態にあるが、軍事政権下においてインターネット・コントロールが強化されつつある。

タイには国王に対する「不敬罪」があることで有名だが、軍事政権になってこの法律が濫用されているのではないかという懸念がある。「不敬罪」を理由とする逮捕・摘発が増える中、ジャーナリズムも「自己規制」による保身を強めている。こうした現状に対して『ニューヨークタイムズ』紙は、「減退するタイの経済とスピリット」と題する批判的な記事を配信したが、タイ国内で同紙国際版の印刷を請け負っている会社は「自己規制」の形で記事の掲載を取りやめ、当該記事部分を白抜きにした新聞を発行した。

また、インターネット利用をめぐる「不敬罪」の適用も議論を呼んでおり、フェイスブックへの投稿内容や、「問題がある」とされる投稿へ「いいね！」ボタンを押したことを問われ逮捕されるケースも報告されている。タイのケースは、ソーシャルメディア利用をめぐって他国でも起こり得る現象を、ある意味で先取りしているという点で興味深い。

結局のところ、ソーシャルメディアは民衆の側が政府を監視することに資するツールなのだろうか、それとも、政府の側が民衆を監視し統制することに資するツールなのであろうか。

確かに、ソーシャルメディアの普及当初は、たとえ非民主主義国であったとしても、政府が一元的に情報をコントロールし続けることが難しくなった。前述のように、情報統制という「壁」で守られていた秘密が「透明化」「可視化」されるようになった。日本でも福島第一原子力発電所の事故以降、一般の人々が放射線の空間線量を測定する機器を手に独自に数値を測定し、結果をソーシャルメディアに投稿するということが行われた。中には針が振り切れている様子を映した写真が投稿されることもあり、政府の発表する数字との食い違いがインターネット上で盛んに議論された。

こうした衝撃的な写真はインターネット上で広く拡散されやすいが、その写真がどの場所でどのような条件の下で行われた測定結果を示しているのかといった情報は抜け落ちがちだし、一般の人にこの写真が捏造されたものかどうかの判断もつかない。インターネットの世界では、真実もウソも混じり合いながら膨大な情報が日々やりとりされている。こうした環境の中で、人々は政治的な意思決定をすることが求められている。玉石混淆の膨大な情報を簡単に生み出すソーシャルメディアは、時として人々の意思決定を難しくする環境を生み出すこともある。

パノプティコン的状況の強化

ベンサム（Jeremy Bentham）は、「パノプティコン（全展望監視施設：panopticon）」と呼ばれる刑務所のシステムを考案した。図3-8のイメージ図が示すように、パノプティコンには、囚人を収容する牢獄が円形の建物に配置されており、その中心部に看守のための監視塔が設置さ

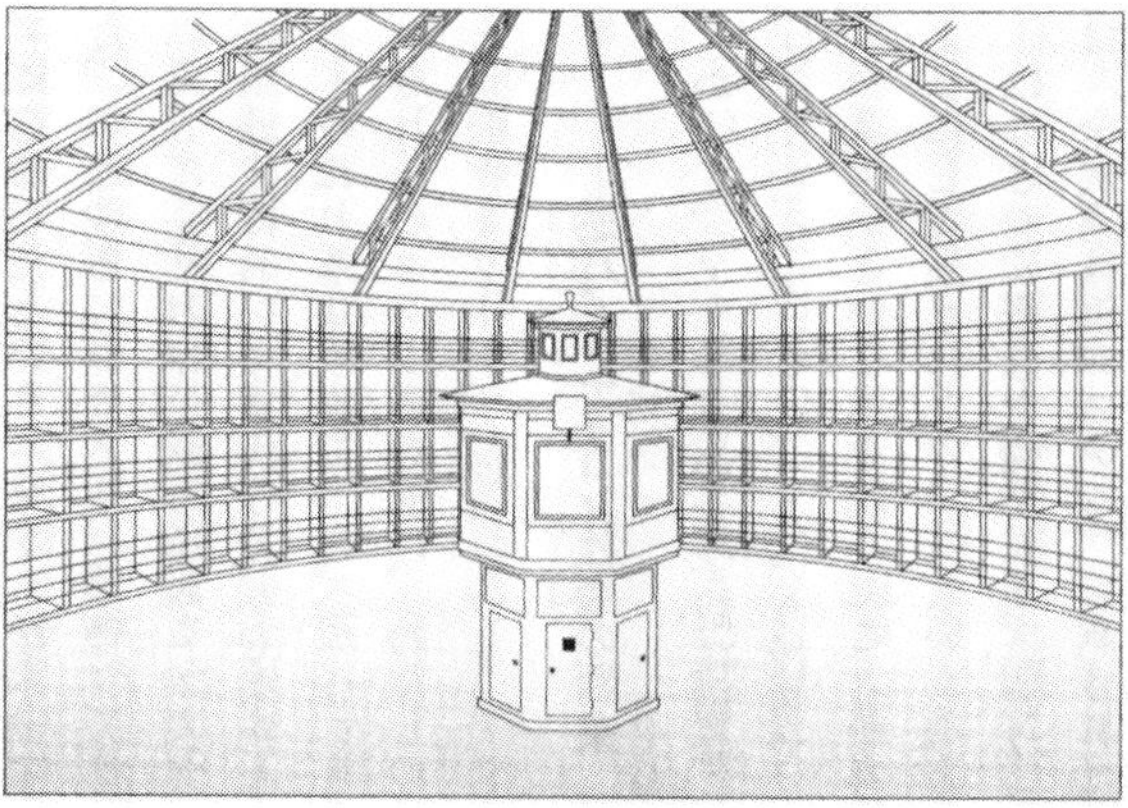

図３−８　パノプティコンのイメージ図

（出典）ジョン・キム『ウィキリークスからフェイスブック革命まで——逆パノプティコン社会の到来』ディスカヴァー・トゥエンティワン、2011年、10頁。

れている。囚人の側から監視塔の中身は見えないが、監視塔からは囚人たちの様子が見える仕組みである。パノプティコンでは、最小限の看守によって、囚人たちの監視と管理が可能となる。

これまでの政府と民衆との関係は、（特に非民主主義国においては）こうしたパノプティコン型のモデルであった。ところが、ソーシャルメディアが普及することによって、民衆の側が政府を監視するという「逆パノプティコン」の状況が生まれたとする議論がある。

「逆パノプティコン」状況は、非民主主義国家の基盤を浸食することになると同時に、民主主義国の政府にとっても厄介な存在となる。とはいえ、スノーデンの暴露を経て、逆に政府の側が広範な通信傍受を行っているような現在では、ソーシャルメディアによってただ単にパノプティコン状態が強化されただけだとも言える。

パノプティコンでは、「最小限の看守」によって囚人たちの監視と管理が可能になると述べたが、この場合の最小限とはいったい何名であるのかという問いがある。その答えは、0名である。監視塔から囚人たちの様子を見ることはできるが、囚人たちの側から監視塔の中を見ることはできない。仮に監視塔の中に誰もいなくても、囚人たちに「見られているかもしれない」と思わせることができれば、囚人たちの行動を制御することができるだろう。

「見られているかもしれない」という状況は、人々の「自己規制」を誘発する。こういった環境では、反体制的な言動はとりにくくなる。ソーシャルメディアが、政府による不正を監視する「逆パノプティコン」状況を作り出すためのツールとなったのは初期の一定期間のみで、対策がわかってきた政府の側は、「技術による監視システム」を構築することでパノプティコン的な状況を強固なものにし始めている現状がある。

情報通信技術を用いた統制がますます洗練されていく中で、エネルギー制約は、国家が国家として存続していくことを、時間が経つにつれどんどん難しいものにしていく。国家は、国家としてそう簡単に屈するわけにはいかない。あらゆる手段を総動員して、国家の維持存続を図ることになるだろう。統制は強まることこそあれ、弱まることはない。ソーシャルメディアが発達し、人びとがインターネットへの依存を強めれば強めるほど、国家は統制をしやすくなる。今後、情報通信技術は、民主主義を強化するというよりも、「民主主義の不況」傾向をますます強くする方向に働きそうである。

5　民主主義の将来と分裂の時代の始まり

民主主義は人類にとって普遍的な価値であって、時代が進むにつれて民主主義は世界中に広まっていくはずだ、という考え方は、思い込みに過ぎない可能性が高い。人類史における「国家の歴史」がほんの一瞬の出来事であるのと同じく、国家を前提とした民主主義という統治システムも、ある時代の一時的な出来事に過ぎなかったと振り返るようになるのかもしれない。

右肩上がりに経済が成長し、成長した富を広く国民に分け与えることのできる時代に、民主主義を機能させることは比較的容易である。イージーオイル時代の恩恵である「安価なエネルギー」を大量に使用しながら、道路や鉄道など国のインフラを整備し、工場を建てて製品を作ることで産業を発展させ、国民の生活を豊かにしていく時代であれば、民主主義を行う「余裕」もあった。

ところが、ポスト・イージーオイル時代が訪れ、エネルギー消費量が増えなくなり、逆に縮小局面に差しかかりはじめたのが現在である。国民に分け前を与えるどころか、国民の生活は日々苦しくなっている。苦しさにあえぐ人びとは、既存の政党や政治家に対して「ＮＯ」を突きつけることになる。かわって、ポピュリスト政党や政治家が支持を集めるようになる。民主主義のルールに則って、ポピュリスト政党が政権を担うこともあるだろう。

今の体制で利益を得ている人たちにすれば「由々しき事態」であり「民主主義の危機」(エスタブリッシュメント層の人びとにとっては)、ポピュリスト政党による政治は「由々しき事態」であり「民主主義の危機」なのかもしれない。そのような人たちにとっては、自分たちの体制が崩れないようにするために、あらゆる手段を講じる誘因がある。苦しさにあえぐ国民の数の方が圧倒的に多いので、放っておけばポピュリストの台頭は免れない。エスタブリッシュメント層の人びとにとっての「民主主義の危機」を回避するために、民主主義の仕組みを歪めるという事態が起きないとも言い切れない。

でも、本当の意味での「民主主義の危機」は、ポピュリスト政党・ポピュリスト政治家であろうと、エネルギー制約に起因する経済問題を解決することは出来ないことが明らかになった後に訪れるだろう。不満と苦しみが渦巻く中、それでもなお国家を維持し、国としてのシステムを機能させようと思えば、ある程度の強権を発動しなくてはいけなくなる。今のエジプトのような状況下で好き勝手にさせていては、国家はバラバラになってしまう。

そう考えていくと、われわれは、民主主義を右肩上がりの時代にのみ成立する「特殊な制度」だったとして捉えなければいけないのかもしれない。人類史を振り返ってみた時に、現在のような形での民主主義的システムが存在しなかったのは、存在しない必然性があったということだ。構成員一人ひとりの希望や欲望を少しずつでも満たしていくような制度が可能であるのは、それを可能とする拡大や成長がある場合に限られる。それぞれの欲望を満たすことができない状況では、欲望の解放は混乱要因になってしまう。

われわれは、成長し続けるだろうという漠然とした思い込み、近代的な国民国家はあって当たり前だという思い込みと共に、「民主主義的価値は普遍的なものであり、時間が経つにつれて全世界に広がっていくだろう」という思い込みを見直す必要がある。醒めるべき魔法には、民主主義も含まれている可能性が高い。

そうは言っても、そう簡単に民主主義をあきらめたくもないという思いもある。かつてイギリスの首相だったチャーチル（Winston Churchill）は、「民主主義は最悪の統治制度だ。ただし、これまでに試みられたその他の制度を別にすればだ」と述べたという。つまり、民主主義は決して完璧な制度ではなく悪いところもたくさんあるが、その他の制度はもっと悪いのであって、相対的に考えれば民主主義こそ最良の統治制度だという意味である。確かに、世界中で目撃される非民主主義的な国の内実を見聞きすればするほど、今、自分自身が民主主義国で生活できていることの幸せに感謝することも多い。

ここで考えなくてはならないのは、統治制度のサイズ感である。近代的な国民国家で行われている民主主義とは、代議制民主主義である。投票を通じて代表を選び、その代表が議会の構成員となって物事を決めていくというスタイルが採用されている。対して、かつてギリシャのアテネで採用されていたのは、市民全員が集う直接民主政であった（もっとも、参政権があったのは自由民のみで、その裏では奴隷たちがいたのであるが）。

代議制民主主義が機能不全を起こしていて、そのかわりを直接民主政的な要素が補完するという議論がしたいわけではない。そうではなくて、近代的な国民国家においてそもそも代議制を採らざるを得ないのは、その規模から直接集うことが不可能であるという「サイズ感」の問題を考えてみたいのである。

民主主義の適正サイズとは

その文脈から、現在世界各地で起きている分離独立運動について考えてみたい。イギリスのスコットランドでも、スペインのカタルーニャやバスクでも、地域の独立を目指す動きが広がっている。最近では、沖縄独立論という話もある。

今や、国家が国家の果たすべきだとされる問題に十分対処できないようになっている。右肩上がりで成長基調にある時には統合の方向性を目指すことも可能であるが、右肩下がりの時代にあっては、逆に分裂の方向性がトレンドとなる。統合にはエネルギーが必要であり、エネルギーを十分にかけられない世界では、持続可能なサイズを中心に分裂が起きることになる。

国家よりもさらに大きな規模での統合に向けた実験の場が、ＥＵであった。２０１６年、国民投票の結果としてイギリスはＥＵからの離脱を決断した。ここでも、統合と分裂という２つのベクトルが浮かび上がってくる。ＥＵが統合に向けて動いていた時代とは、右肩上がりの時代であって、分裂に向けた動きが顕在化してきたのは、右肩上がりが不可能になってからであった。

今、EUが直面している危機は、金融にまつわる危機である。前述のように、エネルギー投入量が頭打ちになるような世界で、金融危機の懸念が高まるのは不可避である。ギリシャのような国家債務危機も、イタリアのモンテ・デイ・パスキ・ディ・シエナ銀行のような金融機関が直面する経営危機も、その先に待ち受けているシナリオはEUの分裂である。

それぞれの時代の余剰エネルギーの量によって、中心となるアクターのサイズが決まってくる。余剰エネルギーがカバーすることのできるサイズ以上の主体を、コントロールし秩序を維持することは不可能だからである。かつての帝国のように、領域の境界が厳格でなく、周辺部分が緩やかに統治されているに過ぎない状態であれば、それなりの規模を維持することができる。しかし、近代的な主権国家のように、国境線が厳格に決められ、その国境線に沿って1ミリたりとも欠けることなく主権を行使するといったレベルでの統治を求めるのであれば、相当のエネルギーが必要となる。

逆にいえば、余剰エネルギー量に見合ったサイズであれば、統治と秩序の維持が可能かもしれない。そこでは引き続き、社会において民主主義的な価値を保持し続けることができるかもしれない。国民国家のレベルで難しかったとしても、サイズさえ適正規模に落とせば民主主義をあきらめなくてもよいかもしれないのである。国民国家からの分離独立運動は、そのサイズに規模を縮小しさえすれば、まだ社会を回し続けることができるのではないかという希望のあらわれだと捉えることもできる。民主主義の希望は、リサイズの先にある。

問題となるのは、エディション4時代の適正サイズとは一体どの程度のサイズなのかという点にある。確定的な答えは持ち合わせていないが、参考になるのはエディション2時代、すなわち化石燃料を使い始める前の時代に成立していたサイズである。日本の場合であれば、江戸時代にあった藩のサイズは参考になるだろう。このサイズまでであれば、化石燃料による余剰エネルギーがなくても成立可能であったことを意味する。いきなり化石燃料がゼロになるわけではないのでそこまで縮小する必然性はないが、いずれにせよ、この先21世紀を通して国民国家のサイズを維持し続けるのが極めて困難であることは、エネルギーをめぐる最近のデータが示唆するところである。

これから先、20世紀後半のEUが行ったような統合をめぐる動きは影を潜め、あらゆる地域で分裂を基調とした動きが活発化するようになるに違いない。コロンブスが旧世界と新世界を結びつけて以来、世界は時間の経過と共に狭く、小さなものへとなっていった。極小化し、「フラット化」したとまでいわれた世界は、これから再び大きなものへと向かっていくだろう。

この動きの中で、国家は分裂の圧力にさらされることになる。最後の最後まで統合した存在であろうと、あらゆる手段を使って「締め上げる」国家もあるだろうが、中には、民主的に分裂の方向に向かう国家が出てくるかもしれない。

統合は比較的平和裏に進むものであるが、分裂は暴力的になりかねない。世界のおかれている エネルギー環境からすると、分裂の方向に向かうことは不可避である。そうだとすると、どれだけ平和裏に適正規模にまでリサイズできるかが、国家の直面するチャレンジとなる。

これからの国家が問われるのは、自然の摂理に逆らって無理に中央集権的な体制を維持するための知恵ではなく、どのようにして分権を実現していくのかという知恵なのである。

第4章　都市の未来

1　大都市時代の終焉

大都市には、人を惹きつける魅力がある。東京生まれ東京育ちの筆者にとって、大都市に住むことは何ら特別なことではなく、ごく当たり前の日常であったが、だからといって大都市に飽きてしまったという経験はない。それどころか、いつか世界にある他の大都市にも触れたいと、憧れの気持ちを持ち続けていた。大学生になると自由な時間が増え、その頃からちょうど「格安航空券」の入手が簡単になったこともあり、長期休暇の度に海外の大都市に足を運ぶようになった。

中でも、特に惹きつけられたのがニューヨーク・シティだった。はじめてニューヨーク・シティを訪れたのは、交換留学生としてニューヨーク州にある田舎街の高校に通っていた頃だったが、それ以来マンハッタンが放つ独特のエネルギーの虜となった。エネルギーが街中に溢れ出し、波打っている様子を、この時はじめて目の当たりにした。エネルギーが街中に溢れているという点では、アジアの大都市でも感じることができるかもしれないが、そこでのエネルギーは「生きるための逞しさ」のようなものであり、マンハッタンが放つ躍動的でありながらどこかお洒落でもあるというエネルギーとは違っていた。

ニューヨーク・シティこそが都市の中の都市だと思っていたが、はじめてパリを訪れた時にも衝撃を受けた。街の中のどこでカメラを向けても絵になる街というのも、そうあるものではない。ヨーロッパ独特の深みのある歴史、文化、芸術の薫りも街中にみなぎっていた。

このように、世界の大都市には「顔」がある。どの都市も、他の都市には見られない魅力や特徴を兼ね備えている。ロンドン、マドリード、リスボン、ストックホルム、バンコク、ダッカ、クアラルンプール、エルサレム、カイロ、ダマスカス、チュニスなどなど、その後新しい街を訪れる度に、それぞれの都市に違った顔があることを学んだ。

筆者が、それぞれの街に魅力を感じたように、多くの人びとが同じように大都市の魅力に惹きつけられ、集まってくる。こうして大都市は、ますますその規模を拡大していく。しかし、成長、グローバル化、国家、民主主義と同じく、大都市といえども永遠ではない。ここで検討しておかなくてはならないのは、いつまで大都市は大都市として繁栄し続けることができるのだろうかという素朴な疑問である。

成田空港からバスで東京に帰る際には、レインボーブリッジを通過することになる。しばらく海外に行って久しぶりに帰国した際、このレインボーブリッジから東京の夜景を目にすると、帰ってきたという実感と共にどこかホッとした気持ちになる。筆者には故郷と呼べるような山も川もないが、東京タワーを中心として広がるこのビル群の景色が、故郷の風景なのかもしれない。ただ同時に、世界のエネルギー問題を理解しはじめると、この綺麗な夜景をいつまで楽しむことができるのだろうか、という不安も頭をよぎるようになる。

考えてみれば、大都市というのはエディション3が生み出した産物である。今のような形で、ロンドン、ニューヨーク、パリ、東京といった大都市が成立し得るのは、化石燃料によって大量の余剰エネルギーの供給が可能になったからである。これらの大都市が、大都市としての機能を果たそうとするならば、大量のエネルギーを必要とする。ゴミ収集に必要なエネルギーを数日凍結しただけで街にはゴミが溢れることになるだろうし、産地から大都市へと食料を運ぶトラックを数日凍結するとスーパーやコンビニの棚から食べ物が消えることになるだろう。

もっとも、エネルギー制約があるからこそ、大都市への人びとの集中が解決になるのだという考え方もある。サンタフェ研究所の物理学者であるウェスト（Geoffrey West）は、都市のサイズに関する興味深い研究を行っている。彼の研究によれば、都市のサイズが大きくなればなるほど一人当たりのエネルギー消費量は減少するが、逆に一人当たりの富や収入は増加するという。都市は拡大すればするほど、エネルギーを節約し経済成長ももたらすということになる。

確かに、田舎では一人に一台車があるというような状況も珍しくないが、東京のような大都市では人びとは電車やバスなど公共交通機関を利用することで移動する。ある程度人が集まっていた方が、何かと効率的だということになる。エネルギー制約がある世界では、なるべくエネルギーを効率的に利用し節約する必要がある。そのためには大都市は好都合だという見方は、こうした視点から得られたものである。

しかし、ここには落とし穴がある。続けてウェストが指摘するのは、システムは必ず崩壊するという真理である。都市も同じである。都市が大きくなっていけばそれだけ問題も発生する。システムの崩壊を回避するためには何らかの革新が必要であり、その革新のスピードは、都市の規模が大きくなってくればくるほど、どんどんと加速していかなくてはいけないという。

大都市でめまぐるしく新しいことが起こっていく背景には、こういうカラクリがあったのだ。そうでなければ、規模のメリットよりも規模のデメリットの方が大きくなっていき、やがてその大きさに耐えられなくなり崩壊してしまう。もしかすると、大都市が放つ何とも言えない魅惑的なエネルギーは、大都市が大都市であり続けるために必死でいるからこそ発せられるのかもしれない。

縮小社会における大都市

近代という時代は、効率性追求の歴史であった。また、効率性と成長はセットでもあった。より良く、より便利にという人間が持つ根源的な欲求を抑えることは難しい。効率性の追求は、都市化を進行させる。都市そのものも、ますます効率的になっていく。無駄は嫌われ排除される。

こうした世界は平時には威力を発揮するが、非常時には極めて脆弱である。東京のラッシュ時には秒刻みで電車が行き交うが、ひとたび何かが崩れると、すぐにホームから人があふれ出してしまう。普段効率的であればあるほど、効率性を成り立たせている前提が崩れると、雪崩を打ったようにシステムの混乱を来してしまう。

何かを得るということは、かわりに何かを失っていることでもある。われわれは、大都市の効率性を得る変わりに、一体何を失っているのであろうか。潰されて切り開かれていった山や森林もそうかもしれないし、都市のスピードの中に飲み込まれてしまったゆっくりと流れる時間もそうかもしれない。この失ったものの中に、次の時代に必要なもののヒントが隠されているはずである。

エディション3が生み出した大都市は、その副産物として「郊外」という新しい空間も生み出した。郊外は大都市が膨張していく過程で出来上がっていった。グローバル化が逆流現象を起こすように、大都市が膨張から縮小に向かっていくと、取り残されてしまうのがこの郊外である。

エディション2の時代にも、江戸のように100万人都市は成立し得たが、郊外を作り出して支えるほどの余剰エネルギーはなかった。東京のように1000万人を越えるような大都市もそうであるが、郊外こそ典型的なエディション3的空間である。郊外型のライフスタイルは、多くのエネルギーを必要とする。大都市ほど密集していないため、「どこに行くにもクルマ」となってしまう。

エネルギーの問題を抜きにしても、日本のようにすでに人口減少が始まっている社会では、どうしても郊外は縮小せざるを得なくなってくる。拡大は力ずくでもなんとかなるが、縮小には知恵が必要となる。みんなが少しずつ何かを得られるという世界で協力をすることは容易でも、みんなが少しずつ何かを失わなくてはいけないという世界で協力関係を維持するのは難しい。縮小社会をどのようにマネージしていくのかという知恵は、エディション4時代の政治に求められる重要な要素である。

大都市がいかに魅力的であったとしても、残念ながら永遠ではない。エディション3の時代に若者はみな大都市に惹きつけられ集まってきたが、エディション4の時代に目指すべき場所としてはふさわしくない可能性がある。20世紀に輝いていたのはニューヨークやロンドン、パリといった大都市であったかもしれないが、21世紀の主役は別の都市が担うことになる。われわれは、大都市という魔法からも醒める必要がありそうだ。

2　エディション4時代に興隆する都市の条件

エディション3が大都市の時代だったとすれば、エディション4は小都市の時代になるだろう。ここで重要となるのは、都市の規模と共に、都市と周囲の自然環境との距離感である。便宜上都市と言っているが、実態としては村に近いケースもあり得る。周囲の自然環境に恵まれていれば、それなりの規模の都市でも成立するかもしれないが、自然環境に恵まれていない都市であると、同じだけの人口規模を維持できない可能性がある。

エネルギー制約を前提にして社会の将来像を描こうとすると、悲観的な未来像ばかりを想像してしまって気が滅入るという人がいるかもしれないが、必ずしもそうだとは思わない。今のシステム、すなわちエディション3が到達した社会こそが優れているという思い込みから、今の社会を維持しようと願う人にとっては悲観的に聞こえるかもしれないが、積極的にエディション4の時代を生きるために一歩を踏み出そうという人にとっては何ということはない。むしろ、これまでの常識を崩してくれる新しい未来に、ワクワクするという人も多い。

実際、最近の都市をめぐる人びとの関心のトレンドを見ていると、大都市の時代の終焉を感じることも多い。たとえばブルックリンである。もっともブルックリンという街は、マンハッタンのすぐ横にあって、ニューヨーク・シティの一部であることは間違いないのだが、注目したいのはその焦点の当たり方である。日本でもちょっとしたブームになっていて、雑誌の特集でブルックリンが取りあげられることも増えたし、ブルックリンを紹介する書籍も多数出版されるようになっている。「ニューヨーク・シティに行ってくる」と言った場合、目的地はマンハッタンでなくブルックリンであるという人が増えているのである。

今のような形でブルックリンが注目されるようになったきっかけは、２００８年の金融・経済危機であった。この危機をきっかけに、今の社会のあり方に対して疑問を持つ人々が、震源地ウォール街のあるマンハッタンからブルックリンに移り住むようになり、今の「おかしな」社会ではない、次の時代の社会をこの場所で、自分たちの手で作り上げようという動きが加速した。

20世紀のアメリカが実現したのは、大量生産・大量消費型の社会であった。20世紀的なアメリカの豊かさは、「量」の豊富さでもあった。多くを安く手に入れることができるようになったが、コミュニティのつながりは失われてしまった。どこの誰が作ったのかよくわからないものを食べ、着て、消費を続けた。そんな社会に疑問を持った人にとって、サイズ感は重要であった。自分の目の届く範囲で、生きるために必要なものがきちんと循環するというサイズ感である。ブルックリンが取り戻そうとしたのは、かつて自分たちの社会が持っていたものの、20世紀的な豊かさと引き替えに失ってしまったものであった。

ただ、ブルックリンはマンハッタンに近すぎた。ここに暮らす住人たちが、自分たちの目の届く範囲で、人間らしい関係を築こうとしてできたカフェもレストランもファーマーズマーケットも、どれも素晴らしいものであったが、「21世紀的なおしゃれな場所」としてブルックリンが盛んにメディアに取りあげられるようになると、観光客がどっと流れ込んでくるようになった。「儲かる」となると、人だけでなく大量の資金も流れ込んできた。地価が上がり、街が「消費」の対象になるにつれ、今度は当初この街を作り上げてきた人たちが街を離れるようになりつつある。もしかすると、ブルックリンの試みはこのまま終わってしまうのかもしれないが、ブルックリンを作り上げていった人たちが提起した問題と、その問題を乗り越えようとして作り上げていった社会の形は、一つのトレンドとしてこれからも生き続けるに違いない。

エディション4的都市とクリエイティブ・クラス

ブルックリンの事例が面白いのは、都市をめぐる人の移動が、マンハッタンに向かうのではなく、マンハッタンから飛び出す方向で動いたという点にある。都市をめぐる人の移動については、都市論で有名なフロリダ（Richard Florida）の議論が興味深い。フロリダは、これからの社会を作り上げるカギを握る社会階級として、クリエイティブ・クラスという階級に注目する必要があるという。

クラス（階級）といっても、彼の階級論は、マネー（年収）をベースとした階級論ではない。たとえば、「詩人」や「アーティスト」、「文筆家」などは、クリエイティブ・クラスと判断されるが、必ずしも経済的に裕福であるとは限らない。日々の生活がやっとという「詩人」もクリエイティブ・クラスの構成員である。クリエイティブ・クラスにとって居住地やライフスタイルの選択は、自身の「クリエイティビティ」を最大限発揮できるか否かによって判断され、収入は副次的な要素に過ぎないのである。

彼らには「創造的なパワー」があり、斬新な「アイデア」を生み出す力がある。これからのコミュニティにとって、こうしたクリエイティブ・クラスに属する人びとがいるかいないかは、大きな問題となる。次世代型のコミュニティを創造するためには、クリエイティブ・クラスの人びとの持つ能力が欠かせないのである。

クリエイティブ・クラスには、移動を厭わない人が多い。その時々によって、自分のクリエイティビティを刺激してくれる場所を求めて移動する。移動先は、国単位で考えるのではなく、都市単位で考えるのも特徴である。スペインに移住しようというのではなく、バルセロナに移住しようという具合である。

一体、クリエイティブ・クラスの人びとに選ばれる都市はどのような都市で、逆に彼らが流出してしまう都市とはどのような都市なのだろうか。フロリダの研究の関心は、まさにこの点にあった。

研究の結果として、フロリダは、クリエイティブ・クラスが集まってくる都市の条件として3つのTを指摘している。それらは、技術（Technology）、才能（Talent）、寛容性（Tolerance）

である。技術へのアクセスがあること、豊かな人的資源（才能）に恵まれていることがさらなる才能を惹きつけるというのは、それほど驚くべきことではないかもしれないが、興味深いのは最後の寛容性についての指摘である。

フロリダの議論はエネルギー制約を念頭においたものではないため、評価の高い都市にエディション3的な大都市も多く含まれている点は割り引いて考えなくてはいけないかもしれないが、寛容性についての指摘は、エディション4時代を構想する上でも大いに参考になる。

創造的なアイデアや試みは、ゼロからいきなり生み出されるものではない。異質な何かが出合い、組み合わされることこそが、創造性の源となる。思いもしなかった2つ（ないしはそれ以上）が掛け合わされることで、未来への可能性が生まれるのである。ポイントは、「異質な組み合わせ」というところにある。異質な組み合わせを可能とするためには、同じ空間に多種多様な人びとが共存していなくてはならない。寛容性が高い都市はそれだけバラエティに富んだ人びとを抱擁することができるが、寛容性が低い都市は「よそ者」を受け付けてくれない。

図4-1は、エディション4時代に注目されるべき都市を考えるためのヒントを示した図である。縦軸に自然との距離、横軸に寛容性の度合いをとることで、都市を大まかに4つに分類することが可能となる。エディション3的な大都市の多くは、第4象限にプロットされる。寛容性の度合いだけを考えれば、圧倒的に大都市の方が有利だろう。

ただし、エネルギー制約を見越すならば、縦軸の自然との距離についても考えておかなくて

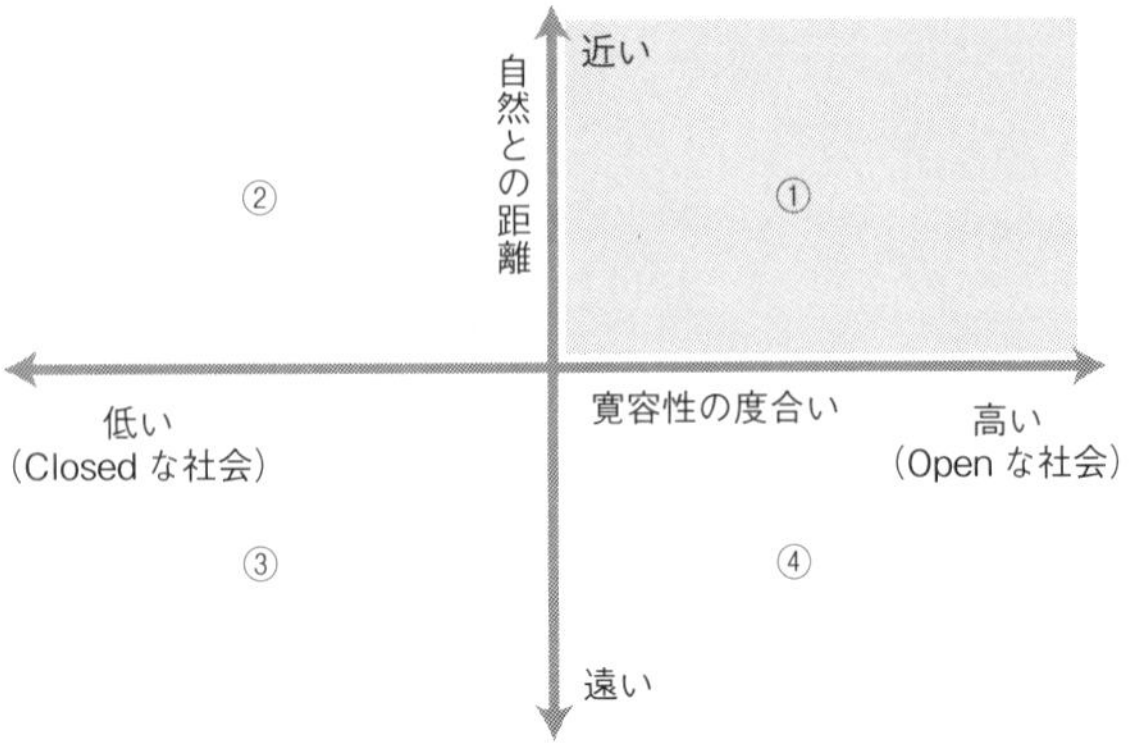

図４－１　Edition4 に興隆する都市を考えるためのヒント
出典：筆者作成。

はいけない。この指標は、ある程度人口密度とも関連する。エネルギー制約は、現代のような工業的な食糧生産システムにも、大規模な運輸・輸送システムにもマイナスの影響を与えることになる。ふんだんな余剰エネルギーを使って大量の農産物を生産し（劇的に単位面積あたりの収量を増やした農薬も化学肥料も石油に依存している）、船舶、航空機、トラックを使って遠隔地にある大都市に大量に供給するというモデルはエディション４的ではない。考えなくてはいけないのは、居住地がどのくらい食糧と近い距離にあるのかという指標である。突然の気候変動に図体の大きな恐竜が絶滅してしまったように、不確実性の高い時代には、「大きすぎる」ことはリスクになる。重要なのは、「最適なサイズ」だということになる。

そのように考えていくと、注目されるべきは第１象限に該当する都市である。つまり、自然との距離が近く、寛容性の度合いが高いという特徴を持った都市でありコミュニティである。

周囲の自然環境との距離や関わり合いが大切だということになると、単純に都市単体で考えるわけにもいかない。その都市（人間の作り出す社会システム）を含めた上で、自然の摂理に則って持続可能な範囲を示す言葉としてバイオリージョンという考え方があるが、自然と都市との距離感のバランスは、このバイオリージョン全体を意識しながら考える必要があるだろう。

3　エディション4時代に住むべき街を探す旅

エディション4時代の都市についてやや抽象的な説明が続いたので、具体的な事例をもとにしてさらに検討してみよう。遠い場所から分析的に何かを論じるのではなく、1つのケーススタディとして、筆者自身の例をもとにして説明してみたい。

エディション4時代にどんな場所でどのように暮らすのかという問いに関しては、100人いれば100通りの解答があり得る。エディション4時代には、1つの決まった「成功モデル」はないことに加え、各個人の個別事情もそれぞれ異なるためである。それでも、筆者自身のケースを紹介することは、それぞれのエディション4生活を構想する上で1つのヒントになるはずである。

筆者は、元々研究者としてエネルギー問題についての勉強を進めていたのであるが、だんだんと全体像がわかってくると、単に分析をするだけではなく、実践についても大いに興味を持つようになった。どうやら、この先困難な時代がやってくる確率はかなり高そうであるが、ただ座して困難に巻き込まれるのではなく、なんらかの抵抗をしてみたくなった。何かをすることは常にリスクを伴うが、激動の時代における最大のリスクは「何もしないこと」である。世の中を覆っていた魔法が解けかかっているにもかかわらず、無理やり魔法にかかり続けることをやめ、醒めた目でこれからの生き方を考え、実践してみたくなったのである。

特に関心を持ったのは「食」と「住」であったが、どこに住むかが食へのアクセスと密接に絡み合う時代がやってきそうだということで、生活の拠点をどこにおくのかを中心に考えることにした。筆者と同様に、エネルギー制約に起因する問題について考える人たちは、大都市に向かう方向性ではなく、大都市から離れる方向性で居住地を選ぶ傾向がある。この時のポイントは、どの程度小さい規模にまで生活の拠点をダウンサイズするのかという点である。ここに正解はない。各人によってダウンサイズさせる大きさは異なるが、その差は想定する崩壊レベルによって決まってくる。

図4−2は、いくつか考えられるエディション4時代のサバイバル戦略モデルを示した図である。最も極端なのは、人里離れた山奥に家族単位でこもり、ほぼすべてを自給自足でまかなおうとするモデルである。エディション3の終焉に伴う社会変動が、大崩壊とでも呼べるようなレベルにまで達すると予測するならば、このモデルがほぼ唯一の選択肢となる。極端だと思

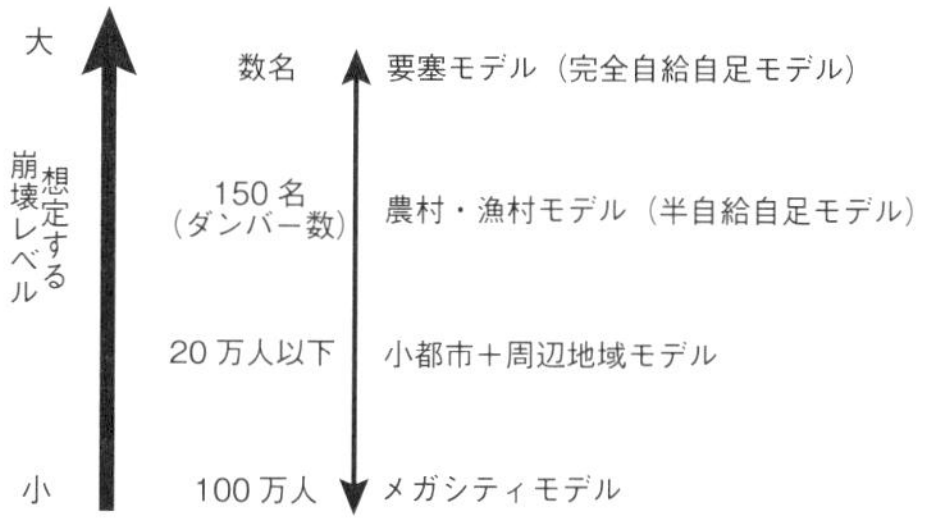

図4－2　Edition4時代のサバイバル戦略モデル
出典：筆者作成。

うかもしれないが、エネルギー制約を心配する人の中には、略奪などを心配してこうした要塞にこもるようなサバイバル戦略立てる人もいる。実際に、筆者の知り合いにも、家族単位で山奥に住みながら、自動車も所有せず自転車を主な移動手段としている人がいる。

逆の端には、メガシティモデルがある。エネルギー制約などやってこないと考えるか、あっても崩壊と呼べるような事態は起きないと予測するなら、都市の効率性は引き続き魅力的である。こういう人は、フロリダが議論するようなクリエイティブ・シティを目指して移動すればよい。

人口20万人というサイズ感

悩むのは、その両端のどちらも極端すぎると考えた際に、両者の間のどのあたりのサイズを選択するべきなのかを決めなくてはいけない時である。両者の間には無数の選択肢がある。図4－2では、考え方のタイプの違いを示すために、150人と20万人という2つの具体的な数字を示しておいた。

150という数字は、有名なダンバー数にちなんでいる。人類学者のダンバー（Robin Dunbar）によると、人間が相手をそれぞれ認識しながらつながりの持てる人数の上限は150人だという。もともと150という数字は、霊長類の群れの規模と脳の大きさに相関関係があることに気づいたダンバーが、人間の脳の大きさを当てはめて計算して出てきた数字である。後になって人間のコミュニティをいろいろと調べてみたところ、狩猟で生活しているような集団、漁村や農村の規模、軍隊の中隊の人数、キリスト教の教会に集まる人の数は、どれも150ほどだということがわかったという。

協力をベースとして成り立っている霊長類の群れの一種が人間のコミュニティであるという考え方にたつならば、お互いをきちんと認識しながら共同体を構成し得る150という集団の規模が持つ意味は大きい。家族も親族も超えた大きさで、お互いに協力しながら完結型のコミュニティを維持していこうと思ったら、150という規模での居住地選びが1つの指針となる。

20万人という数字は、社会学者の宮台真司先生とお話ししていた際に教えてもらった数字である。宮台先生は、かつて援助交際に関する研究をしたことがあるとおっしゃっていて、20万人とはその時に発見した数字だという。援助交際が成り立つのは20万人規模以上の都市であって、それ以下の都市であると成り立たないのだそうだ。というのも、20万人を下回るような規模の都市では、お互いに匿名性を担保しにくくなるためだという。

コミュニティ全員の顔と名前と性格までが一致する規模は150人かもしれないが、生活をしているとあちこちで知り合いにばったり会うとか、新しく出会ったと思った人であってもよく話をしていくとお互いに共通の友人がいたということが、偶然ではなくほとんど必然的に起きるような規模の上限は、おそらく20万人という都市の規模なのだろう。20万人以下の都市では、街を歩く時には常に「誰かに見られているかもしれない」という意識がつきまとうが、それ以上の都市であると、街を歩いていて誰かに出会うというのはお互いに「ビックリ」だということになる。20万人という数字で都市のサイズを区切ったのは、住人の匿名性と関係して、その都市のメンバーをリアルに想像できるギリギリの範囲だと考えたためである。

このように考えていった結果として、筆者自身は家族と共に、この小都市プラス周辺地域モデルがイメージできる場所を生活の拠点にしたいと思うようになった。というのも、エディション3の次の時代は、単に昔のエディション1の時代に戻っていくのではなく、これらをすべて経験してきたからこそのエディション2やエディション4の時代になって欲しいし、どうせ挑戦をするのなら、まだ人類が見たことのない新しい世界を構想してみたいと思ったからである。要塞モデルや漁村・農村モデルはエディション2やエディション1の時代に回帰するような動きに思えたし、メガシティモデルはエディション3の時代にしがみついているように思えたのである。

いくつかの移住候補地

こうして、新しい居住先を探す旅が始まった。我が家の旅のスタイルは、昔から「疑似居住体験」だった。これは、筆者が子供の頃の家族旅行でも似たようなところがあり、ある意味で両親から受け継がれた旅のスタイルだとも言える。次々と移動しながら観光地をめぐるというよりは、1つの場所に可能な限り長期間滞在するようにし、キッチン付きの部屋で地元の市場やスーパーマーケットで仕入れた食材を調理して食べるということに旅の最大の楽しみを見いだしていた。

訪問先も、訪れたい観光名所から決めるというよりも、現地に住む友人に会いに行くという目的から決めることが多い。現地に住む生活者と普段の行動を共にさせてもらうことで疑似居住体験をし、その体験から訪問先の国や都市のことを理解してみたいという思いもあった。その街の楽しみ方は、自分と気の合うその街の住人が一番よく知っている、というのがこれまでの経験則である。

漠然とエディション4的な潜在力を感じられる街に移住したいと思っているだけの頃から、本気で移住先を探そうと気持ちが固まってきた頃に誘われたのがハワイへの旅だった。誘ってくれたのは、同じく「暮らすように旅をする」ことに楽しさを感じるタイプの旅仲間で、親戚の所有するワイキキビーチの目の前にあるコンドミニアムを1ヶ月貸してもらえることになったとのことだった。

ハワイがエディション4的な移住先として良いのかどうかはよくわからなかったが、ハワイにはクリエイティブ・クラスの人たちも多そうだったし、何よりハワイの風に吹かれながら今後の人生を考えるのも悪くないと思い、妻も筆者も自分たちの仕事を持ち込んで、当時1歳になったばかりの娘と一緒にワイキキで疑似居住体験をしてみることにした。

ハワイには何度か行ったことがあるが、ホノルル空港はいつも乗り換えだけで、マウイ島やカウアイ島が目的地だったので、オアフ島もワイキキビーチも初めてだった。ワイキキの街は噂通り観光客で溢れていたが、滞在先の部屋のテラスから眺める海と夕日は最高だった。滞在中は、基本的に自炊をすることにして、できるだけ「顔の見える」食べ物を食べようということになり、偵察も兼ねてオアフ島で開催されている主要なファーマーズマーケットをいろいろと訪れることにした。

ハワイの魅力は気候と自然で、誰が観光客で誰が地元の人なのかはよくわからないが、みな思い思いに海を楽しんでいる様子が印象的だった。自然との関わりが日常の生活の楽しみの中に入り込んでいる、というのは都会に住む者には贅沢かもしれないが、エディション4的には重要な要素だと思う。

朝を有効利用していることも印象に残った。サーファーたちの朝は早く、波乗りの前後に利用するためか、朝の5時からオープンしているカフェがいくつかあることにも驚いた。ただ、住むということになると食料品を含めた物価の高さは気になった。この島では食料品の多くが、カリフォルニアから空輸されていることも知った。世界的なリゾート地だけあって、不動産の金額も超一流だった。

日本国内でも移住先の候補はないかと、色々と検討した。ある程度隔離されているけれども、地域で生活に必要なものが完結しようと思えばできるという環境が理想だったが、実際に行ってみないと感覚的によくわからないと思い、ここでも疑似居住体験を重視した。食糧との距離の近さは気になるところだったが、農業経験もない筆者には、そのあたりの実感は最後までわからなかった。かわりに気にしてアンテナを張っていたのが、フロリダの言うクリエイティブ・クラスの人たちにとって魅力的な場所かどうかという点だった。

そんな観点から気になっていたのが、小豆島である。日本で住むなら、米と味噌と醤油に近く、気候が穏やかなところがいいと思っていたところ、何かと小豆島の話題に触れることが多かったこともあって気になっていたのである。実際に訪れてみると、移住者が開いたカフェやレストランなどが点在していることもわかったし、地元のクリエーターが島を盛り上げようと活動をはじめていることもわかった。小豆島は醤油造りで有名であったし、内海でオリーブの栽培に力を入れているあたりも魅力的に感じられた。

海外で気になっていたのはニュージーランドである。アウトドア好きの人にとって、ニュージーランドは聖地のような場所だったし、リベラルな土地柄も気に入っていた。リベラルな政治性は、同性愛者への政策や実験炉も含めて原発を持たないという政策にも現れている。地球の特性からしても、南半球は魅力だった。地球の大気は北半球のものは北半球で、南半球のものは南半球で対流しているという。エディション3的な工業都市の多くは北半球にある。したがって、北半球の空気と南半球の空気は別物だということになる。実際、ニュージーランドに住む友人が語るには、空気がきれいなため雨水も汚れておらず美味しく飲めるのだそうだ。

ニュージーランドには魅力的な街が多いが、中でも目をつけたのが南島の北端にあるネルソンという街であった。この街は、3つの国立公園と2つの海洋保護区に囲まれている。晴天率の高さでも有名であり、サニー・ネルソンという愛称もつけられている。ニュージーランド人がリタイアしたら住んでみたい街として、ナンバーワンにランクされることも多い。ニュージーランド屈指のワイナリーも近隣にあり、アーティスト気質の人が集まることでも知られている。そして、第1章で紹介したピーク・オイル問題について研究しているグループであるASPOニュージーランドが、本部をこの街においていたのも気になった理由の1つである。

ニュージーランドと日本は同じ島国であり、サイズもニュージーランドが日本の4分の3程度であまり変わらない。経度も緯度も似ている。違いは北半球と南半球ということで、日本同様の美しい四季もある。

ただし、違いも大きい。最大の違いは、人口と経済の規模だろう。1億2000万人以上が暮らす日本と違い、ニュージーランドの人口は440万人に過ぎない。横浜市の人口が370万人なので、日本の約4分の3の面積の国土に横浜市よりもやや多い人々が住んでいるだけという計算になる。

それだけに経済規模も小さい。初期のOECD（経済協力開発機構）メンバー、いわゆる「先進国クラブ」の中で、ニュージーランドは最も経済規模が小さい。国民1人あたりのGDPで比較しても、日本の約80％という水準である。

金銭的に日本ほど恵まれていなくても、ニュージーランド人の生活は豊かだと感じる。「お金がなければないで、周りに溢れる自然の中に入っていけばお金のかからない遊びはたくさんある」という意識は、一般的なニュージーランド人の感覚である。海に出れば魚は釣れるし、近くの浜辺で1時間も潮干狩りをすれば、バケツいっぱいのアサリ（か、アサリと同種の貝だと思われる）が採れ、その日の夕方は庭でバーベキューパーティとなる。この国の人は、自然との距離感のとり方が抜群にうまく、従来から兼ね備えている感覚がすでにエディション4的なのである。

ということで、我が家の移住先として、最後の最後まで候補に残ったのがこのネルソンであった。最終チェックということで、ネルソンにあるアパートを借り、家族を連れて約1ヶ月間、おなじみの疑似居住体験をしてみた。毎週土曜日にネルソン中心部にある駐車場で開催されるファーマーズマーケットは、近隣の農家の人と会話を楽しみながら買い物ができる週末のちょっとしたイベントになったし、ニュージーランド流のカフェ文化も大いに楽しんだ。8月に訪問したので、現地は真冬ということで、それほどアウトドアを楽しむという感じではなかったが、シーズン中は遊び放題だなという感覚も得た。

家族で過ごすネルソン生活は、住んでいる自分たちをイメージすることができる心地の良い体験であったが、実はネルソン滞在中、娘を寝かしつけた後に夫婦で話し合っていたのは、日本のある街の話であった。その街とは、最終的に我が家が生活の拠点を置くことにした松本であった。

4　移住候補地としての松本

松本との出会いは、すでにネルソン行きの航空券も買い、現地のアパートもすべて手配し終わった、ニュージーランド出発の直前だった。当時、名古屋にある大学に勤務していたのだが、ある学会の合宿にて講演をして欲しいという依頼があった。場所は、富山県の宇奈月温泉だった。温泉宿に宿泊しての合宿ということで、部屋をとるので家族でどうぞというお誘いを受け、ご好意に甘えることにした。

無事に現地での講演も終えホッとしたということと、ちょうど夏休みに入ったタイミングだったこと、名古屋まで車で一気に帰ることのできない距離ではないが、チャイルドシート嫌いの娘が途中でぐずりはじめることは容易に想像できたことなどが重なり、帰りにどこかで1泊してから戻ろうという話になった。行きとは違う道で帰りのルートを探しつつ、スマホで適当な宿を探していると、直前割引ということで割安なホテルを見つけた。そのホテルがあったのが、松本の中心地だった。

こうした単なる偶然に導かれるままやってきた松本であったが、到着後、ホテルにチェックインして街を散歩しはじめると、夫婦揃って目の色が変わってきた。特に事前情報を調べていたわけでもなく、せっかく来たのだからと観光気分で街を歩いていただけだったが、すぐにこの街の魅力を理解しはじめたのである。

「これはすごい。本気で歩こう」と言い合った時、妻と共に思い出していたのはフィンランドの首都ヘルシンキを訪れた時のことであった。これまでにいろいろな街を訪問する機会に恵まれたが、ヘルシンキは中でも印象に残っている。ヘルシンキを訪れたのは、夏の真ん中だったのでおそらく気候的に一番良い時期だったと思うが、街中が活気に溢れていた。もしかすると地元の人の多くは森のサマーハウスに行ってしまっていて、街にいたのは観光客ばかりだったのかもしれないが、街の構造と雰囲気を知るには十分だった。

個人的にフィンランドのデザインセンスは、昔から好きだった。木の風合いを活かした家具もスッキリして好みだったし、イッタラやアラビアの陶器もいつまでも古くならない完成されたデザインで長年愛用している。街中のお店の雰囲気やディスプレイは、そうしたデザインセンスを感じさせるものであったし、港に行けばストックホルム行きの大型客船が停泊する脇でファーマーズマーケットがにぎわいを見せていた。街に顔があるというのは魅力的な街の共通項で、ヘルシンキもその他の魅力的な街と同様にヘルシンキらしい顔を持っていたのだが、この街が特に印象に残っている理由はそのサイズ感にある。一言でいうと、これが一国の首都かとビックリするくらいに小さかったのである。

ヘルシンキという街は、基本的に徒歩で多くのことが完結するサイズだった。そのくらいの小ささでありながら、デザインセンスは世界で十二分に通用するレベルだったし、ヘルシンキにしかない街の顔と文化を兼ね備えていた。観光シーズンの真ん中であったにもかかわらず、夕方を過ぎると多くの店が閉店してしまう潔さにも驚いた。

ヘルシンキでの滞在を経験して以来、エディション4時代に理想的な街として、徒歩で完結するサイズの中に生活に必要なものが詰まっていて、さらにその街にしかない都市文化があるという条件が常に頭のどこかで引っかかっていた。

ただ食べて生きていくということを重視するならば、要塞型の自給自足モデルや農村・漁村モデルに分がある。あえて小都市プラス周辺地域モデルを選択するのであれば、都市だからこその文化があるかないかは居住地の選択として重要な条件だった。来たるべき困難な時代に無事にサバイバルできるかはわからないが、都市ならではの文化に触れる喜びは、リスクを取ってでも自分たちの人生の一部にとどめておきたいと思ったのである。

自分の街を愛していること

松本を居住地として選ぶ際に、もう1つ自分たちに影響を与えた都市がある。結婚直後に住み始め、約3年弱を過ごしたシリア第2の都市アレッポである。アレッポ生活は苦労も多かったが、この街でしか経験できなかったであろう素晴らしい思い出に溢れている。アレッポ生活にも慣れ、現地の友人も増えてくると、アレッポ人の特徴もわかるようになってきた。アレッポに住むようになって羨ましいなと思ったのは、この街の住人が自分の住む街を愛していることに対してであった。

アレッポには途上国ならではの不便さもあるし、政治的な自由もなければ、公職に就いている人から賄賂を要求されることもしょっちゅうある。外国人のわれわれですらそう感じるのだから、現地のシリア人にしてみれば、不満をあげていったらキリがないはずだ。

ただ、自分たちの生活が苦しくても、社会生活で理不尽なことに直面しても、アレッポの人はアレッポの街のことを愛している。何と説明したらよいか表現に迷うが、「表面的な本音」としていつかこの街を出て、もっと良い暮らしをしたい、チャンスをものにしたいと考えている人は多いし、実際にそのような行動をとるのであるが、心の奥底ではやっぱりアレッポに対する愛があるのである。

アレッポ人はよく「アレッポは世界一だ」というような表現をするし、「アレッポの何々が一番だ」というようなことを言うのであるが、実際に世界を見てそう言っているのではなく、ただ単にそう言っていることが多い。そして、半分茶化してとか、冗談の一種として言っているとかではなく、心からそう信じているようなのだ。細かいスペックがどうこうという比較の問題ではなく、そう心から信じられる街に住んでいるというのは純粋に羨ましいなと思うと共に、大切なことかもしれないとこの時に思った。一度しかない人生、生きるために仕方がなく住み、日々を送るのではなく、自分が心から愛せる街に住みたいと、アレッポを離れることを決めた時に、同時に「我が家のルール」として定めることにした。

街の歴史の連続性

初めて訪れた松本を散歩しながら感じたのは、歩いていてワクワクするという感覚だった。日本の多くの地方都市と違って、松本には松本の顔があると感じた。昔ながらの蔵が左右に建ち並ぶ中町通りを歩くと、古い蔵をリノベーションして中を改装した店舗が軒を連ねている。それも、店主の個性が光るような店ばかりだ。徒歩圏内に生活に必要そうなものがコンパクトに詰まっていて、「徒歩で完結する街」という我が家の理想ともピッタリだった。

中町通りから横の小道に入ってとなりの通りに抜けると、四柱神社の大きな鳥居が見え、その前を女鳥羽川が流れている。橋を渡って神社に行ってみようとした時に、橋から見た景色に驚いた。正面には北アルプスの稜線が見え、後ろを振り返ると美ヶ原を中心とした山の風景が広がっていた。

お城があるというので松本城まで行ってみると、大きさはそれほどでもないがどこか趣がある。案内板を読んでいると、日本に4つしかない国宝のお城の1つで、戦国時代に建てられたものが今でも残っているらしい。松本城の後ろ側に広がる北アルプスの景色もまた、絵になった。歩いていると、観光客らしい外国人が多いことも目についた。ちょうどこの日は、比較的大きな国際会議が松本で開催されているらしく、その出席者や家族なのだろう、首からネームタグをぶら下げている人も何人かいた。背中に大きなリュックを背負った登山客も、街をたくさん歩いていた。

懐かしい感じの洋食屋さんだなと思って看板を見ると、どうやら戦前から営業しているようだ。それで合点がいった。松本の街の中心部は戦時中に空襲で焼かれていないために、趣のある建物がたくさん残っているのだ。松本城が戦国時代以来守られ続けているのは、幸運にも空襲を避けることができたという要素が大きい。そう思ってお城の周りを歩いてみると、確かに昔の城下町時代に整備されたのではないかと思われる、とうてい車が入れないような狭い小道もたくさん残っていた。

考えてみれば、日本の街で「顔のある街」は多くが空襲を避けている。京都や金沢は代表例だが、もう少し規模が小さい街で言えば埼玉県の川越も昔ながらの建物が残り、「小江戸」として親しまれている。このような街は、歴史の流れが今にまで伝わり、歴史や伝統と現代とがうまく混じり合うことで、独自の街の顔を生み出すことができる。

逆に言うと、空襲の被害が大きかった街は、ゼロベースでいきなりエディション3時代後半の街を作り上げなくてはいけなかったため、過去脈々とその土地や街で流れていた歴史が断絶されやすくなってしまう。エディション2時代があって、エディション3時代があり、その先にあるであろうエディション4の時代を考え実践していくにあたって、歴史の連続性を感じられるということは松本の街が持つアドバンテージだと感じた。

松本の根源的魅力

都市選びで重要な「寛容性」についても、松本は比較的高いのではないかと感じた。観光地になっていることもあって、この街には外国人を含め多くの観光客がやってくる。街の人にとっては、よそ者がいることが日常の風景である。

加えて、松本の寛容性の高さは、この街が「山の街」であることと深い関係があるようにも思う。登山に出かけたことがある人であればわかると思うが、「山仲間」には独特の連帯感がある。登山道で出会った人、すれ違った人と、見知らぬ人同士でも挨拶をしあう。何が起きるかわからない山の中では、何かあったらお互い様で助け合う。松本という街は、北アルプス登山の玄関口でもある。登山客の多くは、この街から目的地の山のふもとを目指す。登山に親しむ地元の人も多く、彼ら「山の男」「山の女」は、街でもやはり「山の男」「山の女」で大らかなのかもしれない。

フロリダがクリエイティブ・シティとしてあげる条件の中にある、「才能」という点でも松本は恵まれている。高度な人的資源の供給源として、大学の存在は大きい。国立大学の本部は通常、県庁所在地に置かれることが多いが、長野県の場合は少し変わっていて、長野県の国立大学・信州大学の本部は松本にある。信州大学には医学部も設置されているが、この医学部も大学病院も松本にある。松本を歩いていると、街中にやたらと病院やクリニックが多いが、信州大学の医学部を卒業した医師が開業しているケースも多いという。

松本は水が豊富な街でもある。街のいたるところで、湧き水の井戸が設置されている。松本の湧き水は、美ヶ原や北アルプスなど、近隣の山の雪解け水が地下から湧き出しているのだそうだ。商品らしいネーミングをつければ（パクリだと怒られてしまうかもしれないが）、さしずめ無料の「北アルプスの天然水」が街のいたるところで飲めるといったところだろう。江戸時代からあるという井戸に行ってみると、地元の人たちが容器をいくつも持って来ては水をくんでいる様子がうかがえた。今でも生活の一部として溶け込んでいる。

「生物としての人間」が生きていく上で、空気と水と食べ物は欠かせない。食べ物についてては比較的意識しやすいが、水についての意識は意外と薄い。最近、国内外を問わず震災などの自然災害に関するニュースを耳にすることが多いが、自分の住んでいる街でもし断水してしまったとしたら、どこに行けば水を手に入れることができるかを把握しているだろうか。

水の貴重さは、シリア生活時代にイヤというほど身にしみた。筆者の住んでいたアレッポでは、水道水の水はユーフラテス川からやってくる。住み始めた当初は、教科書で習った四大文明の川の1つの水が蛇口をひねれば出てくることに感動すらしたが、「どんな時でも」蛇口さえひねれば水が出てくるわけではなかった。シリアの夏は、天気予報が必要ないくらいに雨が降らない。夏の水は貴重なので、ダムの水量にあわせて計画断水が行われる。ひどい時は、24時間のうち1時間ほどしか水が出る時間がなく、この1時間で1日に必要な水を溜めなければならなかった。

水が出ないとシャワーを浴びることができないのはもちろんのこと、食器も洗えないし、食事を作ることもできない。備えを怠ると水洗トイレを流すことすらできなくなり、大変な目に遭うことになる。現代的な生活を節水モードで行った時に、人間がどのくらいの水を必要としているのか、この時の経験から感覚的にわかるようになっていた。そんな経験があっただけに、街のいたるところで雪解け水の天然水がわき出しているというのは、我が家にとってとても魅力的なものに思えた。

このような調子で、すっかり松本に魅了された筆者たち夫婦は、自宅に帰る車の中でニュージーランドのネルソンでの疑似居住体験をキャンセルして、その分のお金を松本での土地購入資金にでも回した方がよいのではないかという話になった。家族3人でニュージーランドに1ヶ月間行くとなると、それなりにまとまったお金が必要になる。最終的に、話し合いの末、やはりネルソンに行くことにした。というのも、ネルソンは世界中をターゲットに自分たちのアンテナに引っかかる場所を探していった結果たどり着いた街であって、もしネルソンを経験し、それでも松本がよければ、自分たちの松本に対する思いは本物だと考えてよいだろうと判断することにしたのである。

前述のように、家族で過ごすネルソン生活は素晴らしい体験であったが、子供の年齢やビザの取得プロセス、その後の仕事などいくつかの条件を掛け合わせて、松本と比較検討してみたところ、住んですぐにでも「愛せそうだ」と思ったのは松本の方だった。その後、移住先の家の確保など諸々を含め、松本に住もうと決めてからのあらゆることが、ビックリするくらいスムーズに進んだ。偶然に導かれて初めて松本の街を散歩した9ヶ月後には、家族揃って生活の拠点を松本に移すようになっていた。

5　地方都市松本の潜在力

松本に住み始めた当初は、大学のあった名古屋と松本との往復生活だったが、ほどなくして、現在の所属先である東京の大学へと移籍することになった。勤務先の清泉女子大学は、五反田、大崎、品川の各駅から徒歩圏にあり、江戸時代は仙台・伊達藩の下屋敷であり、後に島津家が鹿鳴館などの設計で有名なイギリス人建築家コンドル（Josiah Conder）に依頼して建てた洋館、島津公爵邸が今でも残っているような場所である。この土地もやはり、空襲を避けているため、伊達の下屋敷だった時代の灯籠も、2017年で落成から100年を迎える島津公爵邸も残っており、歴史の連続性を感じられる場所となっている。こうして、江戸時代（エディション2の時代）から続く歴史を感じる2つの場所、山手線の内側にある勤務先と自宅のある松本とのデュアルライフ（2拠点生活）が始まった。

デュアルライフのよいところは、常に比較の視点とバランス感覚を保てるという点にある。1つの場所に長くいると人間はやがて慣れてしまい、多くのことが「あたり前」になってしまう。東京の常識は松本では決して常識でない。何が常識で何が常識でないのかを常に感じていられるという環境は、1つの常識にとらわれることなく世界を様々な角度から眺めて理解したいと思っている自分にとって、研究で必要な資質を鍛えてくれるよい機会ともなっている。

松本では街の中心部に住んでいる。「徒歩で多くが完結する街」に住みたいという希望から出会った街なので、中心からの徒歩圏に住むことにこだわった。もう1つの小さなこだわりは、エディション2時代との関係性である。家の候補が見つかった時、調べたのは江戸時代の松本の地図であった。自分たちが住もうとしている場所は、エディション2時代（つまり化石燃料時代が始まる前）に街として成立していた範囲内にあるのか、範囲外なのかということが知りたかったのである。化石燃料がなければ成立しなかったであろうエディション3的な郊外に住むのではなく、街に住むのであれば、エディション2時代の限られた余剰エネルギーであっても街であったのか否かは、大きな関心事だった。

調べてみたところ、家の先にある神社までは城下町松本の範囲であって、町人が暮らす商業エリアだったということがわかった。

文化芸術と街のサイズ感の関係

街の文化としては、松本は3つの「ガク」の都であるとのアイデンティティを打ち出している。3つとは、学びや教育としての「学都」、音楽の都としての「楽都」、そして山岳の岳をとって「岳都」である。

学都としては前述のように信州大学が本部を置いているということとともに、戦前の旧制高校もそのまま建物が残っており、図書館やホールとして活用されている。一般的に、信州の人は教育への関心が高いというが、確かにそうかもしれないと思う反面、他の地域の状況がよくわからないため比較は難しい。

楽都としては、世界的に有名な指揮者である小澤征爾さん率いるオーケストラを中心に、毎年夏に松本で約1ヶ月間の音楽イベントを行っていることが大きい。亡くなった齋藤秀雄氏のメモリアルコンサートとして始まったこのイベントはサイトウキネンフェスティバルと呼ばれていたが、2015年からセイジオザワ松本フェスティバルと名前を変えて開催されており、市民にも愛されている。バイオリンやピアノなど楽器を用いた幼児教育で有名な団体の本部もあり、毎年発表会の時期になると、生徒らが世界中から楽器を持って松本にやってくる。弦楽器の工房も近隣にあるということで、街と音楽との距離が近いことも特徴である。
岳都としては、前述の通りである。北アルプスの玄関口である松本は、日本のみならず世界中から登山客がやってくる。合併により、今では上高地や乗鞍、美ヶ原高原も松本市の一部となっている。山や登山に関するイベントも多く、街には関連する専門店も点在している。気軽に楽しめる夏のテント泊キャンプから、本格的な冬山登山まで、年間を通して山との関わりが深い。

この街に住んで生活していると、行く先々で知り合いと会うことになる。個性的な個人商店が多く、また、「類は友を呼ぶ」ようで、そういった店舗に行くとお店に来ている他のお客さんと、たとえその場ではじめて会ったとしても気軽に話しかけられる雰囲気がある。

地方都市の経済が冷え込んでいること、高齢化が進んでいることは、松本も変わらないようで、昔ながらの店舗が跡継ぎの問題などもあって、いくつもの店が惜しまれながら閉店していることも事実である。ただし、ここ数年新規にオープンするお店も増えている。店主と話をしていると、夫婦のどちらかが松本と縁があったというケースも多いが、登山で訪れているうちにこの街が気に入って移住してきたという移住組も少なくない。こうした移住組を受け入れる寛容性があるか否か、そして、移住組を惹きつけるだけの魅力があるか否かは、これからの地方都市の明暗を分けることになるだろう。

世の中にはお金で買えるモノと買えないモノがあるが、お金で買えるモノに関しては、地方都市はどう頑張っても東京に太刀打ちできない。お金で買えないモノの価値をきちんと把握し、大切にしていけるかどうかは、地方でキラリと光るクリエイィブ・シティになれるか、ただのミニ東京の失敗版といったような地方都市になってしまうかの分かれ道になる。

六本木ヒルズや東京ミッドタウンが提供するような都市文化は、地方都市で提供することは困難である。もっとも、東京は東京で、世界の他の都市とお金とアイデアで勝負し続けなければならないが、こういった後期エディション3的な都市間競争は、エネルギー制約が顕在化し始めると困難になる（そして、そういう時代は何十年も先の話ではなく、多くの人が予想するよりも早くやってくる可能性が高い）。

エディション4的に面白い街というのは、本書で何度も繰り返しているように、「自然との距離感」と「サイズ感」が全てであり、バイオリージョンという概念から周辺地域との関係性を確立していくことが重要である。六本木ヒルズはお金があれば作れるかもしれないが、北アルプスも、雪解け水の井戸も、その他周囲の自然環境も、いくらお金を積んでも作り出すことはできない。「地球に暮らす生物としての人間」という視点からは、後者の方が圧倒的に大切である。

サイズ感とお金で買えない価値との関係性については、歌舞伎公演を例に説明してみたい。セイジオザワ松本フェスティバルと並んで、松本市民の夏の文化・芸術的楽しみは、2年に1度やってくる歌舞伎公演である（ちなみに、歌舞伎がやってこない夏は大道芸の祭典が開催され、期間中に行われるサーカスを中心とした観客参加型の舞台「空中キャバレー」を市民は楽しみにしている)。約1週間、日によっては昼夜の2回公演であるにもかかわらず、どの回も満員御礼となる。ファンの方が遠くからやってくるとはいえ、松本程度の街の規模で、まつもと市民芸術館のメインホールを歌舞伎で満員にし続けるというのも珍しいのではないだろうか。そんな調子なので、歌舞伎がやってくる夏は、多くの市民がその舞台を楽しむ。

亡くなった18代目中村勘三郎さんは、数ある舞台でも松本での公演を楽しみにしていたという。彼が言うには、歌舞伎は元々大衆のものであったはずだが、東京の歌舞伎座にやってくるお客さんの多くは目の肥えた「玄人」のような観客で、舞台が終わってひとたび歌舞伎座の外に出ると、東京の雑踏の中に紛れてしまうことが気になっていたそうだ。その点、松本のような小さな街では、役者さんが泊まるようなホテルは1つしかなく、食事やお酒を楽しみに行く場所も限られているので、道ばたやお店で、街の人に「さっきの舞台見てましたよ。よかったです」というように、直接観客からのフィードバックを受けることができたという。松本は、歌舞伎が歌舞伎本来の姿を取り戻せていた場所だったのではないかということで、生前、松本の街のことを語ることも多かったそうだ。松本を好きでいてくれた18代目中村勘三郎さんの歌舞伎役者としての最後の舞台が、まつもと市民芸術館で行われた『天日坊』の頼朝役だったのも何かの因果だろう。

東京には世界でも一流の芸術や文化があるが、セイジオザワ松本フェスティバルでのオペラや中村勘三郎さん率いる歌舞伎公演のように、松本でも数は少なくても世界トップクラスの芸術に触れる機会が用意されている。東京では、あまりにも街が広大であるため劇場の外に出てしまうとそこでプツッと途切れてしまうが、松本の街のサイズ感であると、劇場の外の雰囲気もクラッシック音楽であったり、歌舞伎であったり、大道芸であったりに染まることになる。

先日も友人と近所のワインバーでフランス惣菜とワインを楽しんでいたら、楽器を持った4人組のグループが入ってきた。話してみると、先ほどまでまつもと市民芸術館で行われていたコンサートの演奏をしていたという演奏者の方で、ひとしきり音楽の話で盛り上がった。東京であれば、たまたま隣の席になったからといって、こちらからは話しかけづらい雰囲気があるが、松本では不思議とお互いに肩の力を抜いていて、話しかけられてしまう。

ここに芸術と街のサイズとが掛け合わさることで生まれる価値がある。舞台の「数」という指標では、地方都市はどうしても東京に勝つことはできない。しかし、地方都市ではそのサイズ感から、東京では決して味わうことのできない芸術との触れあい方が可能なのである。そして、こうした芸術との関係性は、東京がいくらお金を積んだとしても実現することはできない。サイズが大きいことは確かにパワーとなるが、サイズが小さいからこそ生み出せる価値もあるのである。

自然と距離の近い生活

東京での生活と松本での生活を比べると、自然との距離の違いを感じることも多い。ご近所さんやこの街の友人の親戚は、たいてい農業に関係していて、お裾分けを頂くことも多い。ほんの少しでも傷がついてしまったリンゴは出荷にまわせないということもあって、時期になると格安で分けて頂くこともある。地元でとれた米や野菜は、ファーマーズマーケットのみならず、スーパーマーケットでも特設コーナーで手に入れることができる。

食べることでも自然との距離の違いを感じるが、遊ぶ方でも同じことを感じる。暖かい季節になると、徒歩でも行けるような場所にある河原でバーベキューを楽しんでいるグループや家族が増える。気分をリフレッシュするために、「山に行ってくる」と日帰りで登山に出かける友人も多い。登山といっても、行き先は北アルプスであることがほとんどで、燕岳や常念岳など3000メートル級の日本でも有数の山々である。登山はそれなりにハードであるはずだが、帰ってくるとスッキリとした顔つきに変わっているから不思議である。こういう形での気分のリフレッシュ法は、東京生活ではなかなか実現が難しい。

筆者自身、松本生活を始めるまでは登山と縁がない生活を送っていたが、せっかくなので周りにいる山のプロたちに手ほどきを受けながら、登山を楽しむようになった。現代の装備で楽しむ登山は、エディション4について考える上でも役に立っている。身一つで厳しい自然環境の中に入って行くとはいえ、携行する装備は現代的な技術のかたまりで、エディション3時代でなければ生み出せなかったようなものばかりである。装備の重量が増えると自分が苦しくなるので、持ち物は徹底的に吟味することになる。どのようなリスクをどのような装備で回避し、どこまで想定外のことを想定し装備を整えるかは、いつも真剣勝負である。

この経験は、人間が生きていく上での最低限の装備を体で理解するよい訓練になる。また、厳しい自然の中に入っていくことによって、「地球で生きる生物としての人間」がいかに弱い存在であり、いかに一人で生きていくことが困難か（コミュニティで助け合っていかないと生きていくことが難しいか）を再確認することにもなる。生身の体のみで自然の中で生き延びるのは相当タフな行為であり、本物の自然環境の中では人間の「死」などすぐそこにあるのだと実感する。逆に、そのことで集落の中に暮らすことによって得られている安全への価値に感謝することにもなる。

そこまで厳しい自然でなくても、クルマですぐにアクセスできる場所にあるいくつものキャンプ場に行って、テントで夜を過ごすだけでも十分に自然を楽しむことができる。同じ食べ物でも、野外で調理してみんなで火を囲みながら食べれば、それだけで楽しい気分になる。

移住先として想定していた場所よりも冬の気候が厳しい松本であり、そのことがはじめは気になっていたが、最近では、それも含めて「愛せる」と思えるようになった。松本という街は、気温は寒くなるが雪はそれほど多くない。たまに雪が降ると、自宅の前を中心に雪かきをすることになる。雪かきのタイミングはご近所さんと重なることも多く、雪かきをしながらいろいろと話をする機会となっている。たまの降雪は、ご近所コミュニティとのコミュニケーションに役立っている面もある。

近所のカフェに行くと、ストーブに当たりながら店主らと世間話、情報交換をする。ストーブを囲みつつ飲むコーヒーも、暖かい店内から見る外の雪景色も、なかなか風情があって気に入っている。この季節になると空気が澄んで、遠くの山まではっきりと見えるようになる。晴れた寒い冬の朝に、街から眺める雪の北アルプスは絶景である。

エディション4の時代にいつまで同じように楽しみ続けることができるのかはよくわからないが、ウィンタースポーツも身近である。1時間も車を走らせれば、日本でも有数なスキー場にアクセスすることができる。朝起きて空を見上げ天気を確認してから出発しても、午前中から思い切りスポーツを楽しむことができる。山を切り開き、エネルギーを使ってリフトやゴンドラを運行していることに抵抗感がある人は、スノーシューを履いて近所の山を散歩するだけでも、十分に冬ならではのアウトドアスポーツを楽しむことができる。

筆者が移住先の街の条件として挙げていた、街の人がその街のことを愛しているという点についても松本は合致している。基本的に、松本の人は松本のことが好きである。松本には松本山雅というサッカーチームがあるが、街の人たちから愛されている。サポーターが熱心にスタジアムに足を運び応援するため、J2の過去の観客動員数記録を塗り替えたこともあるという。

多くの若者が高校卒業後に街を離れることになるが、外の世界を経験した後に、やはり松本に戻ってきたいということで、こちらで就職したり開業するケースも増えている。このあたりもニュージーランドと似たところがあるかもしれない。ニュージーランド人も、若いうちに国を出て、世界中いろいろな場所に行く。それでも最終的には、ニュージーランドの良さに惹かれて帰ってくる人が多い。送り出す方の側も「どんどんと外に出て行ったら良い。どうせ、ニュージーランドの良さに気づいて戻ってくるのだから」といった具合である。

外に出て行った人たちは、外で身につけたこと、外での文化を街に持ち帰ることで、街の多様性を担保し、文化を豊かにしてくれる存在である。若者が外に出て行かない政策を考えるよりも、どんどんと外に出し、その上で帰ってきたくなるような街の魅力を育て保持していく政策の方が、クリエイティブ・シティという側面からはより重要であろう。

Matsumoto BBC プロジェクト

松本の街のポジティブな側面をいくつも述べたが、それは松本がエディション4的に考えてすでに成功した街であるということを意味しない。街全体がそちらの方向に向かって動き始めているかといえば、その点でも心許ない。筆者のような移住者が、街の中の歩く環境をもっと整備して欲しいと思っていても（狭い道を車の通行も可であるため、危なくて娘の手を離すこともできない）、古くから松本に住んでいる地元の人たちは、もっと車環境の利便性を向上させて欲しいと思っていたりする。世界的に見て、エディション4的な意味で注目を集めている街は、中心街から車を排除し（中心地に車の乗り入れをできなくし）、歩行者中心の街づくりを行っていくという方向に舵を切っているが、市役所の方とお話しをすると「それはわかっているけど……。なかなかね……」という返答が返ってくることもある。

松本は、エディション4時代の街のあり方のモデルを示し、世界を引っ張っていけるようなポテンシャルに溢れているものの、古くからの住人の中には、今でもエディション3的な地方都市の思考から離れられないように見える人もいる。ポテンシャルを活かすも殺すも、その街の住民次第である。特に、この規模の小さな街であると、トップのセンスが大きく影響する。

差し出がましいとは思いつつも、よそ者の移住者であっても街の住民であることにはかわりないので、自分がこれからの松本がなって欲しいと思う方向に松本がなっていくような働きかけを、小さいながらもいくつかのプロジェクトとして手がけはじめた。その1つが、「Matsumoto BBC」と呼んでいる朝のイベントである。BBCとは、「本（Books）」、「朝食（Breakfast）」、「コーヒー（Coffee）」の頭文字を取ったもので、季節を感じられる美味しい朝食を摂りながら、思わず豆のクオリティについて語りたくなるような香り高いコーヒーを楽しみ、参加者の一人が当日の参加者に対してシェアしたいと思える本を紹介するという朝のイベントである。

松本に暮らしていると、この街は「朝の似合う街」だとつくづく思う。山のある景色も、古くからの蔵が点在する街並みも、朝日を浴びる松本城も、朝の散歩とぴったり合う。本来なら、早起きして散歩した後に、近所のカフェで朝ご飯でも食べつつ、カフェに集うお客さんや店主らと話でもしてから、家に帰り仕事を開始するというようなことができれば理想的だと思っているのだが、松本にはそのような場所がほとんどない。

個人経営者が多い中、夜の片付けをした後で朝早くから開店準備をするというのは本当に大変なことだと思うので仕方がないかもしれないが、全体的に営業時間を前にずらすということも選択肢としては可能なはずだ。アメリカにあるいわゆるサードウェーブ系のカフェは、朝早くから開いているかわりに、夕方になると店を閉めてしまうというところも多い。こうした背景もあって、松本の街の人びとに対して「朝」の持っている価値に気づいてもらい、「朝」のライフスタイルのあり方を提案してみたいとの思いから、Matsumoto BBC プロジェクトははじまった。

Matsumoto BBC の狙いは、朝のコミュニティ文化をこの街に創出し、街の人びとに「朝シフト」の提案をしようというものである。会場としたのは、蔵を改装したカフェで松本のみならず県外のファンも多い amijok だった。経営する小島夫妻にプロジェクトの概要を説明したところ、ちょうど「朝シフト」について検討していたタイミングだったという返答をもらい、協力してくれることとなった。

この会は、原則として毎月1回、朝の8時~9時30分の時間帯に行うこととした。土日や祝日に開催するというスケジュールであるものの、この時間帯であれば、午前中の予定を犠牲にすることなく、朝の楽しみを純粋にプラスしてもらえるだろうという思惑があった。試験的なプロジェクトであるので、ダラダラと続けるのではなく2年間限定のプロジェクトと決め、終わりを設定した。2年としたのは、同じ季節を2度経験することができるため、それぞれの季節の朝の演出についてのノウハウがそれなりに溜まるだろうという理由からだった。

Matsumoto BBCは、松本の人たちが集い、話し、コミュニケーションを通して新しい人間関係が生まれることを期待して行われたものであるものの、参加者になるべく松本以外の人が混じる状態を作り出したいと考えていた。新しいアイデアは、異質の2つが出合った時に生まれる。常に同質のコミュニティを維持するのではなく、すでにあるコミュニティに外からの「ノイズ」を入れることによって、外から来た参加者にとっても、松本の中の人にとっても、お互いにポジティブな刺激を受けることができるのではないかと期待したのである。

集客はウェブサイトやamijokでのチラシで行った。はじめこそ友人やその友人たちが顔を出してくれ、満席状態を維持できたのであるが、途中、開催の直前になってもまだ残席があるという状況が何度かあった。最終的には、滑り込みでギリギリ席を埋めることができたのであるが、毎月の集客となると苦労を感じることもあった。

ところが、8ヶ月を過ぎたあたりで、急にお客さんの動きが変わりはじめた。毎月、このイベントを楽しみにしてくれる常連さんがつき始めたのと同時に、上田や伊那、長野など、県内の他の街からこのイベントのために来てくれるお客さんが増え始め、その後は、東京や名古屋からもMatsumoto BBCをめがけて来てくれる人が出はじめたのである。この時期から、２ヶ月先まで予約がいっぱいで、募集をはじめると数日で参加チケットが売りきれるという状況になった。本書を書いている今、ちょうど最終回の募集を行っているところであるが、こちらもお店に入れるギリギリの人数まですぐに埋まり、振り返ってみると初回から最終回まで、チケットが売れ残った回を1度も出すことなくプロジェクトを終えられそうである。

効果の測定は難しい面もあるが、ある程度「朝シフト」への意識が、参加者やその周りの店舗に広がったように思う。会場となったカフェ amijok も、このイベントを契機として、月に数回の限定であるものの朝営業を正式に始めようと準備を進めているという。この動きがうまく育ってくれれば、一つの流れにすることができるのではないかと期待している。

アルプスシティ・コーヒー

「これから面白い街は、自然との距離感がすべて」というメッセージを、肩肘張らずに主張するためのプロジェクトもはじめた。Matsumoto BBCの活動をする中で、「コーヒーのある時間というのは、人をリラックスさせ、人と人との会話をはずませ、人と人とをつないでいく力もあるし、カフェ文化が生み出すコミュニティが松本の街でもっともっと育っていったらいいよね」というamijokの小島夫妻との何気ない会話からプロジェクトの構想が立ち上がった。最終的に、コーヒーを媒介として松本という街の姿をブランディングし、世の中に対してプレゼンしていくためのプロジェクトを立ち上げることとした。

具体的には、松本という街を感じさせるコーヒーのブレンドを開発し、ドリップパックの形にしてパッケージデザインを施し、松本のお土産として売り出すことにした。われわれが込めたかったメッセージは、松本の街に独特の城下町ならではの文化と、その街の周りに広がる雄大な自然環境の両方が合わさって松本の魅力だ、ということであった。そのため、街の文化を表現した「シティブレンド」と、周りの自然環境の中での文化を表現した「ネイチャーブレンド」の2種類を開発し、2つをセットとして松本の街のプレゼンをお土産用ドリップパックコーヒーという形で行うことにした。

自分たちの街をプレゼンするのであるから、中途半端なコーヒー豆を使いたくなく、使用する豆のクオリティにもこだわり抜いた。商品のパッケージでアピールすることはないものの、エディション4時代にはフェアトレードはあたり前だという気持ちから、産地や生産者がきちんとわかり、その生産の過程まで把握できる「ハッピーなコーヒー豆」のみを使用している。生産過程だけではなく、肝心なクオリティについても妥協はせず、いわゆるスペシャルティコーヒーと呼ばれる、コーヒーピラミッドの中でもトップに位置する豆のさらに上位にある「トップ・オブ・ザ・トップ」の豆で松本の街の魅力を表現することにした。

シティブレンドは、クラッシック音楽や演劇などの芸術といった華やかさの中に城下町らしいどこか凛とした空気が流れている様子を、エチオピア（いわゆるモカ）ベースのブレンドで

図４－３　アルプスシティ・コーヒーのシティブレンドとネイチャーブレンド
（出典）筆者撮影。

表現した。もう1つのネイチャーブレンドは、緑に囲まれた山の中でテント泊をした朝に飲みたくなるような味を追求し、インドネシアのマンデリンを深煎りにした豆をベースとして、夜のたき火のテイストを加えるため、あえて直火で焙煎したタンザニアをミックスするという手間暇かけたブレンドを作り上げた。

商品の名前としては、街の文化と雄大な自然との絶妙な距離感とバランスがこれからの時代重要になることをアピールすると共に、両者は不可分な関係にあることを示すために、都市を表す「シティ（city）」と山岳の自然を表す「アルプス（alps）」の2つをつなぎ合わせた造語「アルプスシティ（alpscity）」を作り「アルプスシティ・コーヒー（alpscity coffee）」と命名した。

地元のメディアは、この試みにすぐに反応

してくれた。オンライン、オフラインを問わず、複数の新聞やタウン情報誌などが取材をしてくれ、記事が掲載された。また、長野エリアの放送局も関心を示してくれ、ラジオやテレビでもこの試みを紹介してもらった。全国展開している雑貨屋「私の部屋」の松本店や、星野リゾートが展開する松本の温泉旅館「界 松本」もアルプスシティ・コーヒーを取り扱いたいと申し出てくれ、「界 松本」では、タイアップした形での特別宿泊プランも売り出されている。

また、セイジオザワ松本フェスティバルのオーケストラの人たちのリハーサル時に開催された昼食パーティでも、アルプスシティ・コーヒーを採用してもらった。外国からのオーケストラメンバーにも好評だったと聞いている。市役所もすぐに反応してくれた。2016年8月11日に施行された祝日「山の日」には、市役所が主催する「美ヶ原トレッキングツアー」が開催されたが、昼食時のお弁当とセットでアルプスシティ・コーヒーの「ネイチャーブレンド」が参加者に配られた。開発時の思惑通り、多くの参加者に、山で本格的なドリップコーヒーを楽しんでもらうことができた。

エディション3とエディション4のはざまで

松本という街は、独自の新聞、ラジオなどのメディアが成立するだけの規模がありながら、街のキープレーヤーは緩やかにつながりながらお互いに顔が見えるレベルなので、何か行動を起こしたいと思った時に形になりやすい。民間発の取り組みであっても、面白いと思ってくれれば、市役所の方も反応し、新しいプロジェクトへと育っていく環境がある。地方には概して保守的な人が多いものであるが、行政の中に、オープンマインドで新しいものに対して興味関心を示そうとする柔軟な人々が一定程度いるということは、フロリダの言う「才能」と密接に関係する問題であり、地方都市がクリエイティブ・シティとして育っていけるかどうかの重要な指標となるだろう。

松本に住んでみて、この街の潜在力を感じることが多いものの、懸念がないわけではない。エディション4的な息吹を感じることが多いものの、資本を伴ったパワーを持っているのは、エディション3的な街の再開発だったりもする。ここ数年、市民の間で議論となっていたのは、街の中心部における大規模ショッピングモール建設をめぐる問題である。「徒歩で完結する街」が松本の1つの魅力であると述べたが、その徒歩圏の東端に位置する広大な敷地を一度更地にして、そこに大規模ショッピングモールを建設しようという計画が持ち上がったのである。

住民からの反対運動や申し入れがあったものの、最終的には、2017年秋に大規模ショッピングモールの開設が決まり、すでに工事が進められている。「徒歩」が魅力の街に、「車」を前提とする巨大ショッピングモールが出来上がることで、街の中心部にある個人商店がどのような影響を受けるのかが心配されている。

古くから続く街には、旧市街と新市街とがある。街の顔を形作るのは、たいてい旧市街の方である。ところが、資本の論理が入り込むと、「再開発」という名の下に旧市街が縮小され新市街が膨張する。新しさにも確かに価値はあるが、そのような価値は「お金で解決できる価値」である。他方、失われる旧市街が持っている価値は、「お金で解決することのできない価値」であったりする。

資本の論理の前には、「お金で解決することのできない価値」は時として無力である。しかし、失ってからその価値に気がついたとしても、二度と取り戻すことはできない。次の100年も引き続きエディション3の時代であるのならばそれも一つの選択しかもしれないが、エネルギー環境の構造的変化は、おそらくそれを許してくれない。

エディション4的な視点を持って先を見通すならば、何を行い、何を行わないべきか、エディション3的な論理から導かれるものとは違った結論が見えてくる。松本という街が持っているポテンシャルを十分に発揮して、世界的にも面白いと思ってもらえるエディション4的な街へと変貌していくか、どこかで見たような風景が広がるエディション3的な地方都市に成り下がってしまうか、ここ数年の取り組みが分かれ道になっていくに違いない。

6　ネットワークの組み替えと次世代の都市

20世紀はエディション3的な大都市の時代であったが、21世紀は、エディション4的な小都

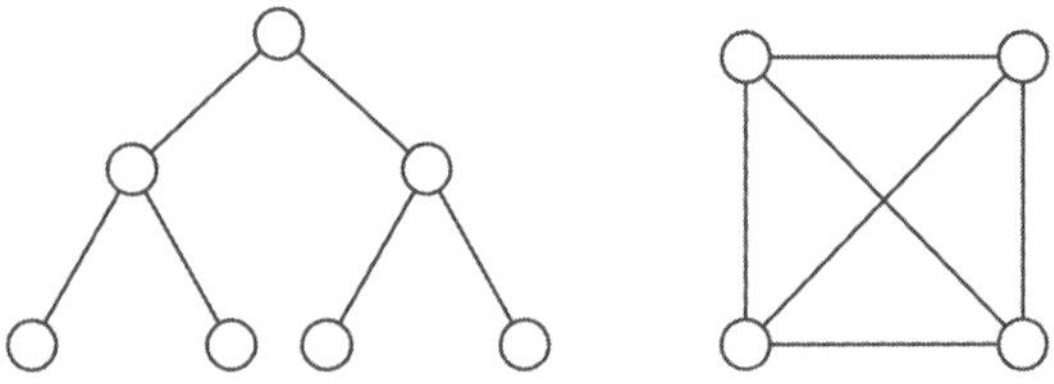

図4－4　ツリー構造ネットワークとグラフ構造ネットワーク

（出典）白鳥令編『政治制度論：議院内閣制と大統領制』芦書房、1999年、25頁をもとに筆者改変。

市の時代となるであろう。この変化は、ネットワークのあり方の変化として、様々な分野で起きていることと同じ方向性にある。

ネットワークを大別すると、2種類に分けることができる。1つは、ツリー構造ネットワークと呼ばれる形であり、もう1つは、グラフ構造ネットワークと呼ばれている。ツリー構造ネットワークの定義は、ネットワークを構成する任意の2点を取りあげた時、この2点を結ぶ経路が1つしか存在しないようなネットワークである。対して、グラフ構造ネットワークの場合、ネットワークを構成する任意の2点を結ぶ経路が複数存在する。2つのネットワークの形を図で示したのが、図4-4である。

この2つのネットワークを別の言葉で表すならば、ツリー構造ネットワークは中央集権型ネットワークであり、グラフ構造ネットワークは自律・分散・協調型ネットワークであると言える。さらに言えば、ツリー構造ネットワークはエディション3的な文明の特徴の1つであり、

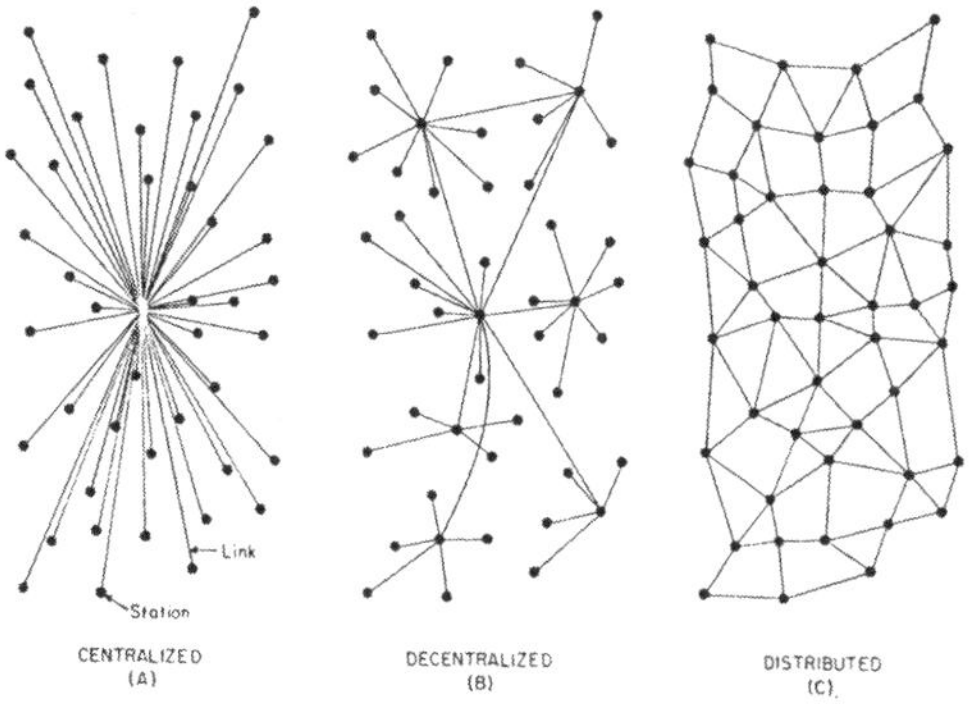

図4－5　集中型、非集中型、分散型ネットワーク

出典：Paul Baran, *On Distributed Communications Networks*, RAND Corporation, 1964, p.4.

グラフ構造ネットワークはエディション4的な文明の特徴となるだろう。

エディション3の時代は、中央集権型の特徴を強めた時代だった。近代的な国民国家の官僚機構も、軍隊も、中央―地方の関係も、本社―支社の関係も、マスメディアというメディアのあり方も、中央集権型ネットワークで構築されていった。人々は大都市に集まり、政治も経済も文化も中央が力を握っていた。

ところが、20世紀の後半には、中央集権型ネットワークモデルから、自律・分散・協調型ネットワークモデルへの移行が見られるようになってきた。そのことが顕著に表れたのが、情報通信の世界である。中央集権型の電話のネットワークから、自律・分散・協調型のインターネットのネットワークへと移行していったのである。

図4－5は、バラン（Paul Baran）の提起した、

インターネットの設計概念を示した図である。集中型はツリー構造ネットワークを示しており、分散型はグラフ構造ネットワークを示している。このうち、電話のネットワークは集中型を設計理念としており、実際には非集中型として展開されている。電話網は、ネットワークの中間点に高度な技術が集約された電話交換機を配置し、情報のやりとりを制御している。ネットワークの両端には、電話線をたどってきた信号を音声に変えたり、音声を信号に変えたりするだけの機能を持った電話機があるのみであり、複雑な処理は全てネットワーク内部で行うような仕組みになっている。

他方、インターネットの設計理念は分散型である。インターネットそのものは、単にパケットを送信元から送信先にリレーしていくだけの存在であり、複雑な処理は両端に位置するコンピュータ（エンドマシン）に任せっきりとなっている。電話のネットワークの知性が中央にあるのに対して、インターネットのネットワークの知性は終端にあるコンピュータ内に宿っている。知性を中央に置くのか、それともネットワークを構成する各要素そのものに置くのかという点は、両者のネットワークの重要な違いである。

都市間ネットワークも変わる

化石燃料による余剰エネルギーをふんだんに使いながら形成されていったエディション3的なるものは、世界全体が単一のものに収斂していくというグローバル化も、近代的な国民国家モデルも、企業経営のあり方も、都市間ネットワークの構造も、中央集権型（ないしは非集中型）ネットワークで成り立っていた。ところが、エネルギー環境が構造的に変化することで本格化するエディション4の時代には、中央集権型を維持するだけの余剰エネルギーを確保し続けることが難しくなってくる。それでもなお、何らかの秩序を生みだそうとするならば、自律・分散・協調型ネットワークモデルへとネットワークのあり方そのものを組み替えていく必要がある。

大都市一極集中の終焉は、都市間ネットワークの世界にもネットワークの組み替えが起きることでやってくる。このところ、地方分権や地方創生という議論が盛んに行われているが、これらはネットワークの組み替えという文脈で位置付けていく必要がある。エディション4時代には、自立し自律するバイオリージョンの核となる小都市が、分散しつつも、お互いに協調することで緩やかな秩序を生み出すというモデルが求められる。

エディション4の時代を生きようとするならば、大都市という魔法から醒めた方がよい。その上で、図4-2（135ページ）が示すどのモデルに人生という「賭け金」を置くかを決めなくてはならない。メガシティモデルが機能することを信じて100万人都市を選択するのも1つの考え方であるし、要塞モデルや農村・漁村モデルで、自給自足の割合を拡大させるというのも1つの生き方であろう。筆者のように、その中間に面白さが潜んでいるのではないかと思うのであれば、小都市プラス周辺地域モデルを選択することになる。その場合、無数にある小都市の中から、自分が身を置く都市を選択しなくてはならない。

　この問いに唯一の正解はない。そしてやり直しもきかない。その意味では、どのモデルを選ぼうが、それはその結果がその人の人生なのであり、どれも正解だと言える。積極的に何も選ばず、現状維持という選択肢もあるかもしれないが、あえて選択するのと、選択をする意識すらなく結果的に現状維持になるというのでは、意味合いが異なる。

　エディション4時代に、どこに住み、どのようなライフスタイルを送るのかという問題は、現代人にとって重要な問いとなるであろう。ただし、社会的にも個人的にも、余力を失ってからだと取り得る選択肢も狭くなってしまう。最終的に、どのような選択もその個人にとっては「正解」なのだから、恐れることはない。あらゆる魔法から醒め、自分の人生を主体的に選択するところから、次の時代を歩み始めてはどうだろう。

第5章　デジタルとアナログの間

1　私的ICTクロニクル

インターネットは社会も大きく変えたが、筆者自身もインターネットとの出会いによって大きく変わった。「出会う」という表現が可能なのは、出会わなかった時期があってはじめて可能となる。つまり、現代の若者にとってのインターネットは、電話やテレビと一緒で、生まれた時からすでに存在する「あたり前」のものに過ぎないが、筆者の世代は、多感な青春期にちょうどインターネットと出会ったこともあり、インターネット以前とインターネット以後を自分のものとして経験しているということである。エディション4時代のインターネットについて考えるために、まずは、自分自身のインターネットとの関わりを振り返りつつ、インターネットが社会に与えた影響について整理してみたい。

筆者のインターネットとの出会いは、同世代のコンピュータ・ギーク（geek）に比べると遅く、一般的な同世代よりはやや早いという状況だった。１９９５年、大学に入学すると同時にインターネットにどっぷりとつかることになるのであるが、この年はインターネットが一般化されるちょうど分水嶺の年にあたる。というのも、この年にマイクロソフト社から「ウィンドウズ95」が発売され、インターネットユーザーが一気に増え始めたのである。

筆者が入学したのは、日本の中でもインターネット研究が盛んで、学内の多くの事柄がインターネットを前提として組み立てられていた慶應義塾大学の湘南藤沢キャンパス（ＳＦＣ）であった。当時のキャンパス内のシステムは、ユニックス（UNIX）をベースに構築されており、端末を使いこなすためには各種のコマンドを駆使する必要があった。必修の情報処理の時間には、コマンドを打ち込んで電子メールの送受信をする方法や、ウェブサイトを構築するためのＨＴＭＬタグについて学んだ。また、プログラミング言語も必修科目として設置されており、全員がC言語を学ばなくてはいけないカリキュラムとなっていた。C言語のクラスの最終課題は、C言語を使ってゲームを制作するというものであり、その時は確かサッカーのＰＫゲームを作った記憶がある。

キャンパスは24時間開いており、泊まり込みで課題を行う学生がゴロゴロといた。筆者も、コンピュータ教室に寝袋を持ち込んで仮眠を取りつつ、泊まり込みでコンピュータをいじっていた。プログラミングを含めてコンピュータの仕組みを勉強できたため、ただ単にツールとして使い方を理解したということに留まらず、より根本的なところからなぜそのように動くのかというレベルでコンピュータと向き合えたことは、その後の自身の研究にとっても大いに役に立った。

元来、新しいもの好きで、ガジェット好きでもあった筆者は、高校生になるとすぐに友人たちとポケットベルを持ち合いコミュニケーションの道具として使っていた。それまで、数字だけしか表示できずに、もっぱらビジネスマンのツールであったポケットベルが、カタカナ表示ができるようになり「遊び道具」としても普及しはじめた時期であった。このポケットベルが、自分が主体的に手に入れた初めての情報通信技術であった。

この種の話になると必ずのように引き合いに出されるテーマとして、彼女の家にどうやって電話をするかというものがある。当時は、一般の人は誰も携帯電話など持っていないため、彼女に電話するためには自宅の固定電話に電話する必要があった。「父親」や「母親」という関門を突破して、彼女につないでもらうという必要があったのである。ところが、お互いにポケットベルを手にするようになると、電話をする前に連絡を取り合い、「これから電話をするから親よりも先に電話を取ってくれ」というお願いをすることが可能になった。思い返してみれば、情報通信技術とは「これまでに不可能だったことを可能にしてくれるすごいものだ」という意識は、この時の経験が影響しているようにも思う。

筆者が大学に入学した年は、ちょうど携帯電話やＰＨＳが世の中に普及しはじめた時期でもあった。筆者の場合は、まずＰＨＳを手に入れた。使ってみると、この技術は移動に弱いということがよくわかった。手に入れる前は技術的仕様のことなど気にせず、広告等に勧められるまま手にしたのであるが、この経験からどのような技術仕様になっているのかという点に関心を持つようになった。車での移動が多かった筆者は、すぐにＰＨＳを解約して、携帯電話に乗り換えた。筆者と同じように新しい技術に飛びつく大学生は多く、友人と連絡を取り合うのに家に電話をしなければならないということが一気になくなった。

ＳＦＣというインターネットに関する社会的実験を数多く行っていたキャンパスで学生時代を過ごしたことは、インターネットの持っている潜在的な可能性を体感するよい機会となっていた。筆者自身は政治学の研究室に所属していたが、友人の多くはコンピュータ科学の研究室に所属しており、彼らの実験的な試みに日常的に触れていた。今でこそ、インターネット回線を介したテレビ会議はごく当たり前の光景であるが、１９９０年代半ばに、インターネット回線を介して音声と映像を流し、アメリカの大学とつないで国際会議を行うことに成功した時には、物理的な場所が離れていても日米の大学生同士で学術的なディスカッションが可能だったことに興奮したものだった。インターネットには無限の潜在力がありそうだと、多くの体感を通して確信していたのはこの時期だった。

ＮＴＴドコモがｉモードのサービスをはじめるようになると、携帯電話がインターネットとつながるようになった。自宅や大学のコンピュータを開かなければ読めなかった電子メールや、見ることのできなかったウェブサイトなどに、移動中もアクセスできるようになったのである。

後にスマートフォンがこの流れを決定づけることになるが、この時に芽生えはじめていた「モバイル・インターネット」は、場所を限定せずにインターネット接続ができるようになったという意味で画期的であった。

自宅からのインターネット接続も、はじめは電話回線を利用した遅いものであったが、この頃からISDN回線、ADSL回線、光回線と一気にブロードバンドが普及するようにもなっていった。文字とごくわずかな写真程度を楽しむに過ぎなかったネットサーフィンをめぐる状況も、回線速度の向上と共にどんどんと変化していった。

シリアのインターネット黎明期

このように、世界最先端のインターネット環境に慣れきっていた筆者であったが、それは世界全体の中では極めて特殊な環境であったということもイヤというほど体感することになる。「世界を理解する」ことに関心があった筆者は、主にアメリカという視点を通して世界を理解しようと研究を進めていたのであるが、9・11を契機として、世界を理解するためにはイスラームの側からも世界を眺めなくてはいけないと思い立ち、2002年からシリアのアレッポでの生活を始めた。

シリアでは、長年独裁的な政権運営を続けてきたハーフェズ・アサド（Hafez Al-Asad）が亡くなり、2000年から息子のバッシャール・アサド（Bashar Al-Asad）大統領が誕生したばかりの時期であった。父のハーフェズ時代、シリアでは、一般国民に対して携帯電話もインターネットも禁止されていた。息子のバッシャールが政権を握ると、「新しい時代の始まり」を国民にアピールして、父から息子への権力の委譲という（君主制の国であればともかくも）共和制の国では起こり得ない形での新大統領誕生という事態に対して、国民からの支持を取り付けたいという狙いもあって、携帯電話とインターネットが一般国民に開放された。シリアに到着した時は、ごく一部の人がインターネットや携帯電話へのアクセスがあるという状況だった。

筆者にとってみれば、１９９５年に自分自身がインターネットと出会い、人や社会がインターネットと出会うと何がどう変わるのかということを自分の体を通して実感してきたが、シリアで再び、人や社会がはじめてインターネットに出会うことによる変化を目撃するチャンスに恵まれたことになる。

このチャンスを逃す手はないと、当時にしては極めて珍しかった自宅でのインターネット接続環境を手に入れ、保証金の額がとてつもなく高かったため留学生の身には厳しかったが、携帯電話も手に入れた。シリアでの情報通信技術をめぐる環境を、自分の体で理解したかったのである。

日本の大学では非常にスピードの速いインターネット回線にアクセスできたし、自宅でもブロードバンド環境を導入していたなど、スピーディなインターネットにすっかりと慣れていたが、シリアでは初期の日本と同様に、電話回線によるダイヤルアップ接続でインターネットにつながなくてはならなかった。電話回線の品質が悪かったこともあり、1メガのファイルをダウンロードするのに1時間近くつなぎっぱなしにしていなければならず、「あと少し」というところで回線がプツッと途切れ、また最初からやり直しということが日常茶飯事だった。

シリアでインターネットに触れているうちに、日本との違いもどんどんわかってきた。シリアからSFCのサーバーにつないでファイルを書き換え、自分のホームページを更新しようとしたが、日本で出来ていたやり方がシリアではうまくいかないことが多かった。また、見たことのないエラーメッセージが出てつながらないサイトというのもあった。コンピュータに詳しい周りのシリア人に尋ねていくうちに、何が起きているかのがわかるようになってきた。要は、シリア政府も中国などと同様に、インターネット・コントロールを行っていたということである。

インターネット・コントロールを行っているということ自体は、少しインターネットを使えば自明なことなのであるが、どのような方法で、どの程度のインターネット・コントロールを行っているのかが今度は気になり始めた。周辺諸国を見回してみると、どこも2000年くらいから一般国民にインターネットが広まっていったという点では共通している。これまで、テレビ、ラジオ、新聞など既存のメディアの情報統制を行ってきたアラブ諸国であったが、インターネットの場合はどうなるのだろうという疑問が頭をもたげるようになった。

そのころ中東地域というのは、他の地域がいろいろと変わっている中で「変わらない」地域の代名詞となっていた。ただ、自身のインターネット体験や、その後世界中でインターネットが与えている社会へのインパクトを考えると、もしかすると「変わらない」アラブ地域を「変える」としたら、そこにはインターネットが重要な役割を占めるのではないかと思うようになっていった。

筆者がインターネットに出会った1995年は、初期のインターネットが持っていた特徴を色濃く保持していた。自由で、権威がなく、みなピア・トゥ・ピアでつながって、どこかヒッピーカルチャーを感じさせるものがあった。その時期のインターネットを少しでもかじった者の多くは、程度の差こそあれ、この魅惑的な世界観に魅せられることになる。筆者ももちろんそんな一人であった。そういう人間にとって、初期のインターネットが大切にしていたカルチャーの上にコントロールの網をかけ、政府という権威が一元的に管理し監視するというインターネット・コントロールに対して、何らかの反発心があったことも事実である。

そのようなちょっとした「怒り」もあって、アラブ諸国におけるインターネット・コントロールの問題を本格的に研究しようと動き始めた。シリアだけを研究するのではなく、複数のアラブ諸国を事例として取りあげ比較研究することにしたため、ヨルダン、レバノン、エジプト、チュニジア、アラブ首長国連邦など近隣のアラブ諸国に頻繁に調査に出かけ、それぞれの国においてどのような仕組みで、どのようなインターネット・コントロールが行われているのかを徹底的に調べていった。この研究が、最終的に博士論文となった。

研究の結果わかったことは、インターネット・コントロールをめぐって政府vs.民衆という攻防が繰り広げられているが、その当時の技術的、社会的状況では、圧倒的に政府の側が有利な構造を有しているということだった。同時に見えてきたことは、ある一定の閾値を超えると、変わらないと言われたアラブ諸国も一気に変わる可能性があるということであったが、当時のインターネットの状況でその閾値を超えるのは、相当難しいことのように思えた。

ソーシャルメディア以降

博士論文も無事提出し博士号を取得した頃には、シリア生活も終え、再び日本での生活に戻っていた。インターネットの状況について、すっかり浦島太郎状態かと思ったが、それほど違和感はなかった。制限はあるものの、インターネットにさえつながっていれば、シリアであっても最先端の状況をキャッチアップできるような状況にあったということだろう。

シリア滞在時とほぼ同時期に、世界的には「web2.0」の波がやってきていた。これまでよりも容易に、一般のインターネットユーザーが「発信」ということを行うようになってきた。筆者も、シリアに滞在しながらブログをはじめ、ミクシィ（mixi）をやり、グリー（GREE）にも登録した。いわゆるSNSが、世界的ブームとなってきた時期であった。

SNSを介せば、不特定多数の人と1対1の関係でつながることができ、そのことに面白さを感じた時期もあったが、同時に、よく言われるような「ミクシィ疲れ」にも陥った。アメリカの友人に誘われて黎明期のフェイスブックにも参加したが、日本の人間関係が色濃く反映されるミクシィよりも、離れている旧知の友人たちとつながりながら交流が持てるフェイスブックの方に面白みを感じていた。

次に受けたインターネット関連の衝撃は、多くの人と同様に、iPhone の登場だった。筆者ももちろん、日本で発売されるといち早く手に入れ、どのようなものか試した。使ってみた感想は、これまでの携帯電話はあくまでも電話であって、少しだけインターネットにもつながるという感じのものであったが、iPhone は電話のようなふりをしているが、これは電話ではなく「電話もすることができる小さなコンピュータ」だというものだった。iPhone によって、人びとはコンピュータを介して常にインターネットにつながりながら移動するようになっていった。

同時期にブームとなったのは、日本語を含め多言語化されたフェイスブックとツイッターであった。日本語化されたフェイスブックには、日本の友人たちもどんどんと参加しはじめ、この頃からミクシィで感じていた「ソーシャルメディア疲れ」をフェイスブックで感じるようになっていった。そのようなこともあって、フェイスブックの方は休眠状態となっていた。

そのかわり、ツイッターの方は面白かった。こちらでは、不特定多数の人と、時には有名な言論人ともフラットな関係でフォローし、フォローされ、様々な刺激を受けることができた。特に、海外の記事や自分が知らなかった論文をツイッター経由で知るという機会が増えていっいた。ミクシィ内でのディスカッションが、ツイッターへと変化していったような感覚も感じていた。

次の衝撃も、自分にとって思い入れの深いアラブ圏で発生した。2010年から2011年にかけての「アラブの春」であった。かつてアラブ諸国のインターネット・コントロールを研究したことで見えてきた、政府に圧倒的有利だった構造を、ソーシャルメディアはひっくり返すだけの力を持っていたことが証明された。エジプト政府は、事前にソーシャルメディア対策を何もしていなかったのではなく、むしろできることをやっていたのであるが、それを上回るだけのパワーを民衆に与えたのである。なかなか越えられないと思っていた閾値は、ソーシャルメディアの力を使って乗り越えられることとなった。

ところが「春」は、そう長くは続かない。スノーデンの告白にもあるように、インターネット監視の状況はすでに広範に行われており、この先も拡大していきそうな状況にある。このあたりの展開については、すでに第3章で述べた通りである。

2 デジタル時代におけるリアルの価値

「アラブの春」が「春」でなかったことが分かりはじめた頃から、筆者のインターネットとのつきあい方も変わってきた。この頃には、出会ったばかりの頃のようなインターネットへの憧れや期待は、随分と小さいものになっていた。インターネットが面白くなくなってきたのは、筆者が年をとったせいばかりではない。ビジネスの論理が入り込み、かつてのような大らかさを失い、逆に炎上先を常に探しているようなギスギスした感じを強め、気がつかないところで政府による監視が強まっているといった、インターネットそのものが1995年当時持っていた性格を失ってしまったことが大きい。学生時代のように、暇さえあればインターネットにどっぷりとつかっているという状態をやめ、むしろなるべくインターネットから距離を置くようになっていった。

ちょうどその頃、エディション4の時代を明確に意識するようになり、松本への移住も果たした時期であった。エネルギー環境の構造的変化を経験し、エネルギー制約から金融システムや経済システムがダメージを受けるようになると、インターネットはどのようになってしまうのだろうかという疑問が漠然と浮かんできた。第3章で述べた通り、政府は国家としての形を守るためにインターネット上の監視を強める方向に進むだろうと思われるが、果たしてエネルギー制約下でも、インターネットはインターネットの形を存続させることができるのだろうか。

第2章において、グローバル化のこれからの話をする際、ヒト、モノ、カネの動きについては言及したものの、最後の情報についてはあえて言及することを避けてきた。ヒト、モノ、カネ、情報という4つの中で、最も移動しやすく国境を越えやすいのは情報であるが、エネルギー制約は情報の世界にもグローバル化の逆流現象を引き起こすのであろうか。

一体、世界全体で今のインターネットを機能させるためにどのくらいのエネルギーが必要とされているのか、よくわからないが、それなりにエネルギーを必要とするのがインターネットである。サーバーを24時間稼働させ、サーバールームの温度を下げるために常時冷房をオンにしておかなくてはならない。「クラウド化」がより進行することになると、サーバーの数は今以上に増えていくことになる。

他方で、情報通信システムの発達は、自宅での勤務を可能にするなどエネルギー消費を抑える効果もある。エディション4時代に、情報通信技術とエネルギー関連技術の交錯領域で何が起きるのかは、極めて興味深い研究テーマである。仮に「崩壊」と呼べるような危機的状況に直面した時に、インターネットを維持することもできないような状況なのか、インターネットをかろうじて動かしながら社会デザインを考えることができるのかは、大きな分かれ道になるだろう。この点について筆者は、確定的な答えを持ち合わせているわけではない。この筆者の宿題については、答えが見えてきた頃にまた稿を改めて論じることとしたい。

デジタルとアナログの組み合わせ

いずれにせよ、エディション4の時代には、エディション3時代と同じようなインターネット利用を前提にしない方がよい。立ち返るべきは、われわれはみな「地球上に暮らす生物としての人間」だという大前提である。どれだけインターネットというデジタルな空間で、自分自身を確立していったとしても、それは所詮「0と1」の記号の羅列でしかない。端末を操作している自分自身は、リアルな身体性を持った、極めてアナログな存在である。何よりもまず重視しなくてはいけないのは、このリアルな身体性を持った自分自身であろう。

インターネットの世界は、基本的に言葉の世界だと言える。実際、インターネット上には文字情報が溢れている。もっとも、ここで言う文字情報は写真や動画なども含む広い概念である。写真や動画は文字情報ではなく、狭い意味での言葉ではない。しかし、制作・編集などの過程では、言葉によって構想が練られることが大半であるし、なにより言葉による明確な意思を伴ってアップロードしようと思わない限り、それらのコンテンツはインターネット上に集積されることはない。つまりインターネットには、誰かがアップロードしようと思ったものしか存在しないのである。サイバースペースとは、言葉だけで構成された特殊な世界だと思っておいた方がよい。人間の脳の中身だけで構成された世界といってもいいかもしれない。

他方、リアルな空間は未知なもので溢れている。この地球上にある自然物は人間が作ることができないし、成り立ちや振る舞いなど、人間が理解していることなどごく一部にしか過ぎない。

おそらく、エディション4時代に必要なことは（インターネットがまだ機能しているとしたらだが）、インターネット以前に戻ることではなく、インターネット時代を経た上での、デジタルとアナログとのバランスをとることではないかと考えている。解は、デジタルとアナログの間にある。デジタルの世界にはデジタルに変換可能なものしか存在しない。いくらデジタル社会が進行しても、デジタルに変換不可能な私たち自身はサイバースペースで生きることはできない。かけがえのない人生を送っているのは、このリアルスペースにおいてなのである。

もともとデジタルは、このリアル社会で生きるアナログな存在であるわれわれの人生を、楽しく充実したものにする手助けツールに過ぎなかったはずである。それがいつの間にか、われわれの生活の奥深くにまで浸透し、デジタルがなければ生きられないのではないかという錯覚すら起こさせている。これでは本末転倒だと、デジタルとアナログとのバランスをとるための「処世術」について、多くの論者が様々な試みを繰り返しながら提案をはじめている。

作家のパワーズ（William Powers）は、週末になると自宅のインターネット回線をオフにして「インターネット安息日」を設けることにしたという（ウィリアム・パワーズ『つながらない生活――「ネット世間」との距離のとり方』プレジデント社、2012年）。その結果、数々の変化を経験することになるが、ネットから切り離されることではじめて「哲学的な深い思考」が可能になったという指摘は興味深い。

また、思想家の東浩紀は、「ネットを離れリアルに戻る旅ではなく、より深くネットに潜るためにリアルを変える旅」を提案している（東浩紀『弱いつながり――検索ワードを探す旅』幻冬舎、2014年）。グーグルには、アルゴリズムによって検索者が入れるであろう検索語をあらかじめ予測し表示するという機能があるが、リアル世界のアナログな旅は、そんなアルゴリズムが決して予測できない検索語を手に入れる好機だと指摘する。

旅という点に関しては、Airbnbの事例が興味深い。Airbnbのコンセプトは、「暮らすように旅をしよう」である。このサービスは、基本的には自宅の空き部屋とその空き部屋を利用したいと考えている人をマッチングさせるものである。かつて子供部屋であったが今は子供も独立して部屋が余っているなど、世の中には実は空き部屋は多い。また、2週間自分が旅行に出る間、自分のアパートを使いたい人がいたら使ってもいいよ、という人も意外と多い。2週間アパートを空けておいてもその分のローンや賃料は払わなくてはいけないが、もしも、誰か使いたい人がその対価を払って使ってくれれば、ローンや賃料、ないしは2週間の旅行代金の足しになる。

このサービスを使えば、特別に観光地というわけではない「とある国」の静かな湖畔に佇む一般家庭に滞在しつつ、ウッドデッキにテーブルセッティングし地元の食材とワインを楽しみながら最高の夕日に感動する、というタイプの旅も可能となる。「暮らすように旅をする」というキャッチフレーズは、こうした新しい形の旅の提案でもある。

Airbnbが面白いのは、部屋を貸す側も借りる側も、このサービスを利用することで普段知りあうことのないような人と出会うチャンスにもなっている点である。もちろん、リアルスペースにおいてである。

ここに、今のソーシャルメディアが持っている本当の価値があるような気がする。ソーシャルメディアの価値とは、デジタルでお互いにつながることではなく、リアルでの素敵な出会いを実現するためのツールとして利用してこそ、最も価値を発揮するのではないだろうか。コミュニケーションのための道具ではなく、リアルで出会うための道具だという位置づけである。

このことに気がついてから、筆者の場合、フェイスブックの利用を再びはじめた。デジタルでつながることに価値をおきながらフェイスブックを使っていると、簡単に「ソーシャルメディア疲れ」を起こしてしまう。ところが、フェイスブック利用のゴールを「リアルでの出会い」と明確に設定してからは、いいね！ボタンが押されようと押されまいと、コメントがつこうがつくまいが気にならなくなった。意識してフェイスブックとのつきあいを見直してみると、フェイスブックでつながっていなかったらリアルで二度と出会わなかっただろうなと思えるような人と、何年もたった後に出会うことが増えたような気がする。

デジタル全盛時代だからこそ、逆にリアルの価値が高まっている。音楽の世界を見てみると、CDの売上げは落ちていても、生ライブの価値は上がっている。その場所を共有することでしか生まれない感動は確かにある。

CDはデジタルであるため、雑音のないクリアな音を再現することができる。ただし、クリアすぎると人は何となく落ち着かず、違和感を覚えるらしい。そのため、わざと微量のノイズをかぶせることもあると聞いたことがある。アナログのレコードファンが多いのは、あの微妙なノイズのせいなのかもしれない。デジタルカメラで撮った写真でも、同様のことは言える。

デジタルの写真は、「パキッと」し過ぎていて好きではないという人は多い。アナログのフィルムの質感を、デジタルで表現することはなかなか難しいのである。どうやら、アナログな存在である人間は、「適度なノイズ」を心地よく感じるようだ。

デジタル社会とのつきあい方について、残念ながら「模範解答」は存在しない。これは、各個人の生き方の問題でもある。その意味では、人生の数だけ処世術があるとも言える。

筆者の場合、デジタル社会での処世術として意識的に実践しているのは、「微量のノイズを入れる」という行為である。適度なノイズが効果的であるためには、その他の部分をきちん整えておかなくてはならない。ノイズだらけのところに、わずかなノイズを加えても効果はない。

筆者がまず取り組んだのは、「情報ダイエット」である。溢れかえる情報を見境なく取り込んでいくと、すぐに「情報デブ」になってしまう。ネットだけではなく、テレビや新聞とのつきあい方も見直した。一度ゼロにリセットして、必要なものを必要なだけ足すということをした。どの人間も1日の可処分時間は24時間である。すべての情報を網羅することはできない。かつては、「どうやって情報を入手するか」という技術がもてはやされたが、いまや「どうやって不必要な情報を切るのか」という技術の方が求められる時代になった。

パワーズのような「インターネット安息日」を設けるにはいたってないが、かわりに定期的に「圏外」に出かけるようにしている。「圏外」に身をおくと、直感が研ぎ澄まされる（ような気がする）。言葉では表現しにくい、独特のすがすがしさを感じることができる。アウトドアスポーツや旅が趣味で、海や山に加えて海外への旅によく出かけるのは純粋に好きだからなのだが、最近では定期的に「圏外」に身をおくという効果もあわせて意識しはじめている。

携帯電話の普及当初、「圏外」はネガティブな響きをもって捉えられていたが、最近ではポジティブな意味合いを持つようになってきた。つながることは価値であるが、つながらないこともまた価値なのである。非日常である「圏外」では、普段接することのない様々なノイズに出会うことになる。結果として、東の言う「より深くネットに潜るための旅」にもなっている。

ビジネス界も「圏外」に関心を持ち始めている。産経新聞ウェブ版が「もうつながりたくない　静かにブーム『圏外旅行』」というタイトルで報じた記事によると、東京から南に約360キロ離れた太平洋の孤島で、島の中心部以外ほとんどの場所で携帯の通じない青ヶ島に「デジタルデトックス（デジタル環境からの解毒）」を目的とした旅行者が増えているという。こうした動きを敏感に捉えた旅行会社も、「つながらない場所」にあえて行くツアーの検討を始めているようである。

ニュージーランドの圏外に行く授業

日々の教育活動でも、こうした視点を取り入れた講義を展開することにした。2013年度に筆者が担当したニュージーランド・フィールドワークの講義は、「自然と現代文明との関係性を再考する」という共通テーマを掲げて行われたが、その中に「圏外体験」を組み込んだ。

図5－1 「圏外」トレッキングを楽しむ学生たち
（出典）筆者撮影。

エイベルタズマン国立公園の中にある、トロントベイでの宿泊体験がそれである。

贅沢にも、国立公園内に特別に設置を許可された民間のロッジにわれわれだけの貸し切りで泊まることができた。ニュージーランド・フィールドワークの趣旨に賛同し、全面的に協力してくれたオーナーのダリル（Darryl Wilson）さんの粋な計らいだった。

われわれが一夜を過ごしたロッジの目の前は海であり、その他は原生林の森に囲まれている。携帯電話の電波も届かない、文字通りの「圏外」である。夕食を終え外に出ると、暗闇の中で波の音が聞こえる以外は、静寂が広がっている。空を見上げると満天の星空。南十字星を見つけることもできた。

翌日は「圏外」から「圏内」まで、15キロ程度の道のりを自分たちの足でトレッキングしながら戻ることにした。幼少期からこの地と共に育ったネイチャーガイドのジョン（John Glasgow）さんが、途中、エイベルタズマン国立公園の植生と抱えている問題、外来種と在来種の力関係、潮の満ち引きの状況、地域の歴史など経験談を交えながら解説してくれた。

この体験は、学生たちにも概ね好評だった。「ロッジに宿泊した夜に見た星空は一生忘れない！」と語ってくれた学生もいる。もっとも、インターネットが通じる宿泊先のホテルに戻ると、どの学生も先を競うようにスマホのスイッチをオンにして、「あー、やっと、ＬＩＮＥがつながったー」と安堵の声をあげていたのだが……。大切なのはバランスである。こうして、それぞれが「デジタル時代の処世術」を磨いていくのだと思う。

これから、デジタルとアナログの間にある自分なりのバランスを探し始める人びとが増えるだろう。デジタルに答えはない時代がやってきそうだが、アナログ回帰するだけでは芸がない。そもそも、デジタルかアナログかという二者択一は、「０か１か」という極めてデジタル的な発想である。リアルな日々をより豊かにするためには、「微量のノイズ」を入れ込むことが重要である。これが旅だったり、人との出会いだったりする。エディション４時代に、人生を最大限楽しむための旅は、「デジタルとアナログの間をさまよう曖昧さ」を楽しむことから始まるような気がしてならない。

3　長距離を結ぶ存在となる

フェイスブックなどのソーシャルメディアが、リアルな出会いをサポートしてくれるツールとして機能し続けることは、グローバル化の逆流現象から再び遠く大きなものへとなってしまいかねないこの地球社会で、われわれ人類全体がバラバラになることなく、一定のまとまりを持ちながらつながり続けるという点でプラスに働く。特に重要なのは、自分の身の回りの「強いつながり」で結ばれた人間関係とは異なる「弱いつながり」での関係を維持し、つなぎ止めておくことである。

初期のインターネットにお金儲けの要素は少なかったが、現在のようにビジネスの論理が支配的になったインターネットでは、自分と異なる属性の人びととつながりにくい環境が生まれている。つまり、「強いつながり」はより強くなりやすいという環境が生まれているのであるが、そのような状況だからこそ、「弱いつながり」をきちんと維持しておく価値が高まる。

たとえば、インターネット企業の代表格であるグーグルは、インターネット検索市場で独占的な地位を築いている。目的のサイトにたどり着くためには、グーグル社の技術に頼らなくてはならない。ところが、パリザー（Eli Pariser）が論じるように、いまやグーグルの検索画面で同じ検索語を入れたとしても、検索者が異なれば同じ結果が表示されることはない。過去の検索履歴やクリックしたリンクの履歴、アクセスしている場所、使用しているコンピュータの種類、ブラウザのバージョンなど考え得るありとあらゆる情報を用いて、検索者がクリックしそうなものから順に表示しているのである。

グーグルの何が優れているかといえば、この「並べ替え能力」である。この並べ替え技術（アルゴリズム）を精緻化すればするほど、検索者の趣味趣向を反映した検索結果を表示できるようになる。そうなれば、グーグルに広告費を拠出している企業は、自分の商品が紹介されているサイトをクリックしてくれそうな人にだけリンクが表示されるようになり、結果としてクリックされる確率も高まり、無駄な広告費を支払わなくて済む。

検索者も自分の関心がない検索結果が表示されず、結果として目的のサイトにたどり着きやすくなる。便利でよいではないかと思うかもしれないが、これが筆者にインターネットをつまらなく思わせていると同時に、社会的にもマイナスな影響を与えることになる。

インターネットで「高尚」な記事を多く読めば読むほどそういったリンクが検索結果として表示される可能性が高まるが、逆に「ジャンク」情報ばかりに触れている人は、やがて「ジャンク」ばかりのインターネット世界が広がることになる。

前述のパリザーは、こうしたアルゴリズムを用いたフィルタリングはフェイスブックでも行われているという。フェイスブック上でたとえ保守派・リベラル派双方の友人とつながっていたとしても、自分の政治信条がリベラルであるがためにリベラル派の友人とより濃いコミュニケーションをとっていると、そのうち保守派の友人たちの投稿が自分のページに表示されないようになっていくのである。

つまり、多種多様の言葉や思想が溢れ、多様性に富んでいるように見えるインターネットであるが、実際には自分と価値観の異なる言論や思想に触れる機会はどんどんと失われていき、ただ単に自分の趣味趣向や思想が画一的に強化されていくだけの場所になりつつあるということである。

「ネトウヨ」の人のコンピュータには、「ネトウヨ」の友人たちの投稿ばかりが溢れ、「ネトウヨ」的な言説ばかりが目に飛び込んでくるし、「ヘイトスピーチ」に酔いしれる人のコンピュータ画面には、それを問題視する人々の意見はアルゴリズムによって動く「ロボット」によってフィルタリングされ消されてゆき、あたかも世の中の大多数が同じ意見を持っているかのような錯覚に陥ってしまう。先に、言葉だけの世界なのがインターネットであると書いたが、最近では言葉や思想の多様性が失われはじめ、「自分が心地よいと感じる言葉だけ」の世界になりつつあるのである。

なぜ、6つのステップで世界の人びとはつながるのか

「強いつながり」ばかりの世界は、価値や思想の多様性に人びとが触れる機会を減らしてしまうことから、民主主義社会の基盤を侵食しかねないことに加え、世界全体をよりバラバラな

ものにしかねない。有名な「6次の隔たり」仮説からも、そのことがうかがえる。「6次の隔たり」仮説とは、世界中の人びとはほぼ6次のつながり内にいるという仮説で、この世界のどのような人とも、友人、友人の友人、友人の友人の友人という具合に辿っていくと6ステップ以内でつながることができるという。

過去、いくつかの社会実験によってこの仮説は裏付けられており、初期の実験は、心理学者のミルグラム（Stanley Milgram）によって行われている。1960年代にアメリカのネブラスカ州で行われた実験は、同州に住む数百人の人に約1600キロ離れたボストンにいるあるビジネスマンに手紙を渡すにあたって、どのくらいの知り合いを介せばたどり着くのかを調べたものである。結果は平均すると「6つのステップ」でたどり着くということで、「6次の隔たり」で面識のないネブラスカ州の住人とボストンのビジネスマンとがつながっていることがわかった。

また、物理学者で後に社会学者に転向したワッツ（Duncan J. Watts）らによる、電子メールを使って行われた実験（2002年）もある。9万8000人を超える被験者に対して、世界中の「目標人物」に向かって、その人物を知っていると思われる知人に電子メールを送信するように依頼した。結果は、ミルグラムの実験を補強するかのように、平均して「6つのステップ」で電子メールが相手に到着した。

感覚的には、世界中に住む70億人の人びとが6次の隔たり内部にいるというのは想像しにく

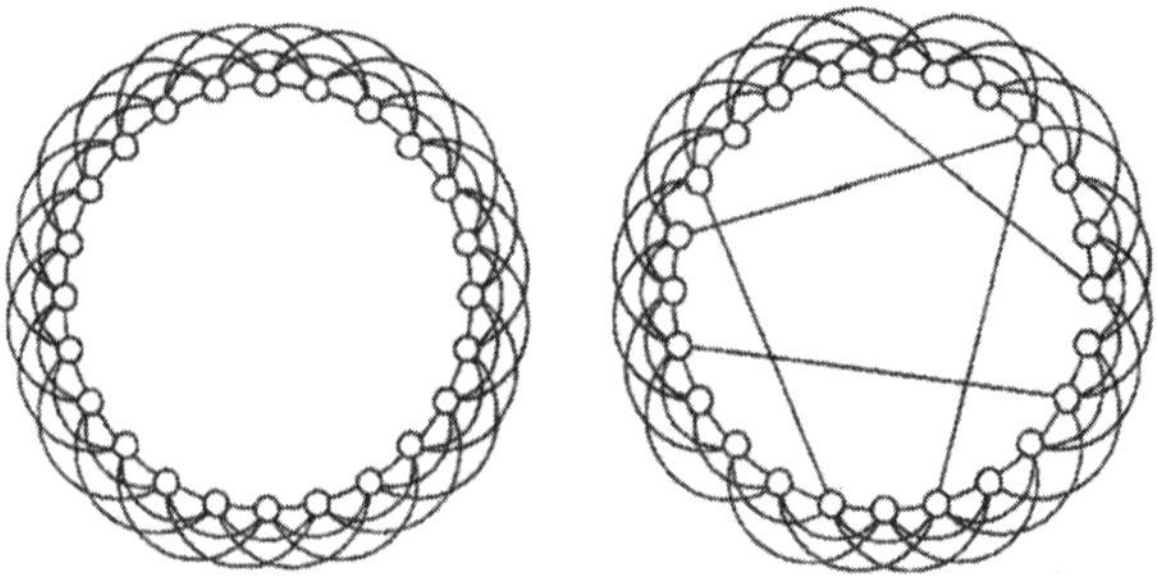

図５－２　スモール・ワールド・ネットワークの概念図
（出典）マーク・ブキャナン（阪本芳久訳）『複雑な世界、単純な法則：ネットワーク科学の最前線』草思社、2005年、81頁。

い。地球の裏側のとある村に住んでいる男性と自分とが、そんなに近い距離にいるとも思えない。実験による検証で6次の隔たりにあるということは昔からそれとなくわかっていたものの、どのようなネットワークでつながっているためにそのような短い経路での到達が可能なのかということは、後の研究を待たなくてはならなかった。

わかってきたのは、この世界が図５－２で示すような、スモール・ワールド・ネットワークでつながっているということであった。この図で左側のネットワークはスモール・ワールドになっていない。遠く離れた点と点を結ぶためには、6つのステップよりも遥かに多くのステップを踏まなくては到達することができない。ところが、右の図はスモール・ワールドになっている。両者の違いは、一瞥してわかるように、遠く離れた点と点を結ぶ経路が複数あるかないかである。左側の図は、構成員みんなが隣近所の「強いつながり」でしかつながっていない状態である。対して右側の図は、少なくとも何人かは、遠く離れた「弱いつながり」で結ばれた関係を維持している。この世界を小さなものにしてくれていたのは、離れた集団をつなぐ一部の人びとの存在だったのである。

移動できるうちは移動する

エディション4の時代は、エディション3の時代ほど、人の移動が簡単でなくなる可能性がある。一般的には、グローバル化はますます加速していくと思われているが、エネルギー制約は人の移動にも制限を加えることになるだろう。どの程度の制限かはまったく予想がつかないが、今の延長線上に未来があるとは思わない方がよい。極小化した地球が再びそのサイズを大きなものにしていく時、人類ネットワークのスケールを小さなものに保ち、「地球に暮らす地球人」としての一体感を保持するには、長距離ネットワークを担う存在が不可欠である。

エディション4の話は、ともすると、世の中で語られる「エコ」の話、ないしは「環境系」の話の一種だと理解されるかもしれない。いわゆる「エコ系」の人びとは、なるべくエネルギーの消費を抑え、大量生産・大量消費のエディション3的世界に生きていたとしても、「今この瞬間からエコに生きる」ことが重要だと説く。筆者もその意見はよくわかるし、方向性としては賛同する。ただし、少し違うかもしれないのは、「移動できるうちに、どんどん移動しておいた方がよい」と思っていることかもしれない。

クルマやジェット機をどんどん利用しての移動は、エネルギーを消費する。エネルギー制約の世の中ではエネルギーの節約が大切かもしれないが、移動が困難になる前に、可能な限り移動しておいた方がよい。どのようになるかさっぱり予測がつかないエディション4時代の社会デザインを行っていく上では、遠い世界で見聞きしたことでも何でも、使えるものは使っていく必要がある。遠くまで移動し様々なことを経験した人が、多くの体験と知識を持ち帰り、エディション4時代の街の中心的役割を担うことを期待する。本書で何度も繰り返しているように、常識を打ち破るような創造的なアイデアは、異質なものと異質なものの掛け算で生じるものである。加えて、そのような遠くまで移動する人びとが、スモール・ワールド・ネットワークのカギを握る、長距離ネットワークの担い手となってくれることを期待する。リアルに出会い、触れあった仲と同種の関係を、バーチャルな世界だけで実現させることはほぼ不可能である。

筆者自身は、こんな言い訳を携えて、貴重な石油を消費しながら世界中を移動している。エディション4時代のデザインをする上で世の中の役に立てる人間になるために、移動できるうちにどんどんと移動をし、世界で起きている変化を自分の目で見て、体全身で体感し、成果を自分の暮らすコミュニティに持ち帰りたいと思っている。幸いなことに、これまでも外の人間関係に恵まれ、世界の様々な場所に実際に会い、近況をアップデートし合いたい友人がいる。新たな場所を訪問するに際しても、長距離ネットワークの相手となり得る素敵な出会いが待っているかもしれない。

逆説的ではあるが、エネルギー制約がかかりはじめた今だからこそ、リアルな身体性を伴った移動が重要だと思っている。リアルな旅とリアルな出会いをサポートするためのツールが、今のインターネットが果たすことのできる役割である。ネットの中の言葉の渦から飛び出し、リアルな身体性を意識しながらこの地球を体感するチャンスは、今が最後かもしれない。

4　エディション4時代のインターネットとのつきあい方

エディション4時代を迎えるにあたって、われわれはどこまで、何を、インターネットに期待でき、何を期待することができないのであろうか。第3章および本章でみてきたように、インターネットは監視のためのツールになり始めているし、インターネットの中身自体が、かつての牧歌的な特徴を失い、ギスギスとしたものになっている。エネルギー制約が加速すると、これからますます監視の度合いは高まるだろう。

それでもまだ、インターネットが次の時代を作るツールとして有用ではないかと、期待を捨てない人びとがいる。たとえば、第3章で紹介した、エジプトでの革命劇の立役者の一人ゴネイムである。前述したように現在のゴネイムのインターネットに対する評価は、「5年前（ムバーラクが辞任した直後）、私は『もし社会の自由化を望むならば、インターネットがその役割を果たしてくれる』と述べたが、今日では、『もし社会の自由化を望むならば、まずはインターネットを自由にする必要がある』と信じている」というものであり、かつてのインターネットが有していた特徴を失ってしまったことを問題視している。

彼がエジプト革命において駆使したのはフェイスブックやツイッターなどであったが、現在の彼は、既存のソーシャルメディアは民主主義の土台となるような議論を行う環境にはないと失望している。とはいえ、初期のインターネットの住人であったゴネイムは、まだインターネットの可能性を信じており、今日のソーシャルメディアを、より考え深く、市民的で相互理解への褒賞を与えるような形でデザインし直そうと、新しいウェブ上のサービスを展開するにいたっている。彼の運営する「Parlio.com」では、「数」だけに特化するのは一面的に過ぎるということから、より多くの異なる意見を集めることに主眼を置き、コメントの質についてもフィードバック機能を持たせることで、深いレベルでの議論の創出を試みている。

現行の代議制民主主義は、解決されるべき社会的問題をきちんと解決できないままでいる点で機能不全に陥っているという評価がなされることがある（もっとも、その遠因はエネルギー制約であるため、なにをどうやっても現行の仕組みでは解決が難しいのだが）。そうはいっても、インターネットをうまく利用すれば、今の代議制民主主義が抱える問題を少しでも解決の方向に近づけることができるのではないかという取り組みも行われるようになっている。

インターネットを用いた代議制民主主義の機能不全への対処としては、中でもマンチーニ（Pia Mancini）の取り組みが興味深い。マンチーニは、民主主義の改善のために複数のプロジェクトを展開してきたが、一貫した問題意識は、現在の代議制民主主義は15世紀に発明された活版印刷技術をベースとした情報システムを前提にデザインされた時代遅れの制度であり、インターネット時代のシステムのあり方は、現行の制度とは異なったものであるはずだというものである。

とはいえ、求めているのは「健康的な討議」であって「ネット上の仮想の人格の陰に隠れて責任を持たない発言を繰り返したり、ネット特有の『荒らし』がはびこったりするような場所」を望んでいるわけではないとして、「アラブの春」で主流となったフェイスブックやツイッターにおける議論のあり方については懐疑的な見解を示している。現在主流となっているソーシャルメディア上の議論のあり方を問題視しているという点で、前述のゴネイムと懸念を共有していると言える。

こうした問題意識から開発されたのが、「DemocracyOS」という仕組みである。「DemocracyOS」は、ウェブおよびスマートフォン上で稼働し、提出された法案を平易な言葉に置き換えてその内容を伝え、市民はそれぞれの法案について議論することも、最終的に投票という形で意思表示をすることも可能である。当初、ブエノスアイリスで試されたが、マンチーニも認めるようにうまく機能したとは言い難い。彼女によれば、立ちはだかる問題は、技術的なものというよりは文化的なものであって、既存の政党はこれまでの意思決定方法を変えたがらないためだという。

こうした失敗を経て、次なる試みとして「ネット党（the Net Party）」を組織し選挙戦に候補者を擁立した。公約は、「DemocracyOS」における市民の投票結果と同じ票を議会でも投じるというものであり、代議制民主主義に情報通信技術を組み込もうとする試みだった。政党設立後はじめて行われた選挙では候補者を当選させるにはいたらなかったが、２０１７年に予定されている選挙で候補者を当選させることを目論んでいる。

ゴネイムもマンチーニも、現在のインターネットを取り巻く状況に失望している点は共通しているが、果たしてインターネットが再びかつての「自由さ」を取り戻すことはあるのであろうか。これも第３章で検討した通り、今や先進民主主義国であってもインターネットの監視を強める方向に動いていることを考えると、かつて「自由」を実現した技術が、いまでは「監視」を容易にするツールへと変貌しつつあると覚悟しなくてはならない。とりわけ、安全保障や治安の問題を引き合いに出されてもなお、インターネットの監視を拒否し続けようという人は少数派である。日本でも、２０２０年のオリンピックに向けて、「テロ対策」「治安対策」ということで、インターネットの監視を本格化させるような動きになっていく可能性は高いと言えるだろう。

この動きにブレーキをかけることは難しい。また、ブレーキをかけることが望ましいとも言い切れないところがある。希望は、民主主義国の政府であれば節度を持って運用してくれるだろうという漠然とした期待と、もし「行き過ぎた」運用があったとしたらそれを監視して改めるだけの民主主義をこれからもきちんと維持していくという決意の中にある。

有限性を意識する

ソーシャルメディアが急速に広がった時、チュニジアやエジプトで「アラブの春」があったように、圧倒的に政府側が有利だと見られていた状況に「逆転」が発生した。ところがその状況は、長くは続かなかった。今、インターネットをめぐる政府と民衆との関係は、集団としての民衆ではなく、一人ひとりの個として考えた場合、圧倒的に政府の側が優位に立っている。

この状況で、個人はこれからインターネットとどのようなつきあい方をしていけばよいのだろうか。筆者の今のスタンスは、「常にゴールをリアルに置く」ことと「まずはリアルから考える」ことという「リアル中心主義」の軸をぶらさないように、インターネットと付き合うというものである。

かつては、バーチャルの世界でリアルさながらの体験ができるとか、バーチャルの世界での人格が他の人格と交流するといったことに面白さを感じてきた時期もあったが、エディション4時代を意識するようになってから、バーチャルはあくまでもバーチャルであって、私という存在は空気も水も食べ物も必要とするリアルな存在に過ぎないと気がついた。

そう考えるようになってから、インターネットと適度な距離ができてきたような気がする。ツイッター内だけで繰り広げられる討論も、フェイスブック内のみでの人的交流も、デジタルな世界のみで完結するものには一切興味がなくなってしまった。外国の新聞など一部のニュースサイトを例外として、ネットの記事を読むこともほとんどなくなった。

「リアル」を強く意識するようになってから、時間の概念にシビアになってきたこととも関係する。「有限性」への意識が高まったと言い換えてもよいかもしれない。はじまりがあるものには、必ず終わりがやってくる。地球が有限なのと同様に、私という存在も、私が使うことのできる時間も有限である。

生きるということ、そして、より善く生きるということは、自分が持っている有限な時間の配分にかかっているところがある。いつかできると思っていると、そのいつかはやってこないかもしれない。自分の時間が有限であることは確実であるにしても、その終わりを知ることはできない。あと30年の猶予があるかもしれないが、思いがけず明日で終わってしまうかもしれない。

これは完全に個人の価値観であり、すべての人に等しく当てはまる訳ではないが、今の筆者にとって、限られた時間の配分先としてインターネットに費やすことで得られる喜びやリターンは小さい。ここ数年の自分の経験を振り返ると、そのことをより強く感じる。本物の人間関係、本当に自分にとって必要な情報や刺激は、常にリアルで会っている時にもたらされたものである。実際に自分が移動し、会い、話し、食事やお酒を共にし、同じ時間を共有した相手と築いた関係や、その場で交わされた会話、得た情報、次につながりそうな企画案を、同じだけの時間を割いてインターネットをいじっていても、おそらく手に入れることは不可能である。相手が国内にいるならなおさら、仮に国外にいたとしても、もしも状況が許すのであれば、実際に自分が移動してリアルに会った方が、結果的には自分の時間を有効に使えるという考え方である。

ただし、こうした「リアル中心主義」をサポートしてくれるデジタルは歓迎している。リアルに会うことをゴールに据えながらフェイスブックを使っていることは、すでに紹介した通りである。デジタルでつながっておくことは、次にまた会う可能性を高めてくれる。

いわゆる「ウェアラブル」な健康管理ディバイスなども、リアル中心主義をサポートしてくれるデジタルだと言うことができる。筆者自身も実際に使っているウェアラブル・ディバイスは、iPhoneと同期する形で睡眠や運動の状況を記録し、必要であれば運動を促すようにお知らせをしてくれる。リアルな身体を維持管理し、パフォーマンスを最大化するために、お手伝いをしてくれるデジタルということになる。

「監視社会」に対して懸念を持つ人びとの中には、このように自分の個人データ（それも健康にまつわる極めてデリケートな個人データ）を、せっせとデジタル化して記録していくことに危うさを感じる人がいるかもしれない。確かに、その懸念はもっともである。筆者自身も少なくとも心地よくは感じない。できることなら、オフラインにうまく逃げ込むことで「監視社会」から逃れ、自分自身のプライバシーをきちんと確保しておきたいという気持ちも理解できる。

ただ、現在のような環境では、エディション4時代のサバイバルモデルとして要塞型の自給自足モデルを採用しない限り、デジタルから身を隠すことは難しい。それでも、もし病気になって病院にかかれば、電子カルテに病状や検査結果などが記録されることになるし、そうしたデータが絶対に外に漏れることなく安全であるとは言いがたい世の中に住んでいる。ましてや、現代的な生活をして、クレジットカードを使い、銀行口座を持ち、スイカを使って電車に乗り、GPS機能をオンにしながらiPhoneを使っているのであれば、「監視社会」の監視する側がその気になれば、その網から逃れることはほとんど不可能である。

これも本書で繰り返し述べていることであるが、エディション4時代とは、ただ単にエディション2へと逆戻りするものではないと思っている。エディション3を経たから可能なエディション2的なあり方というものは可能だろうし、そういったところにエディション4の芽があるはずである。

エディション4の時代がやってきて、今と同じようなインターネットがそのまま残るとも思えない。ピーク・オイル論者が心配するように、本当に金融のシステムが危機に陥り、経済活動にマイナスの影響を及ぼすようになると、現在のインターネットを形作っている企業の中にも事業の存続が難しくなる会社だって出てくるだろう。ビジネスの論理が隅々まで入り込んでインターネットがつまらない世界になってしまったという嘆きはよく聞かれるが、もしかするとエディション3時代の終わりに伴う危機は今のインターネットが崩れる時でもあり、インターネットがかつての自由さを取り戻すチャンスであるのかもしれない。

いずれにせよ、われわれはインターネットに過度な期待をするべきではないのだろう。バラ色の技術が、バラ色の未来を運んでくれることはおそらくない。技術信仰も、われわれが醒めるべき魔法の一つなのである。

大切なことは、リアルを中心に社会をきちんとデザインしていくことである。そのサポートをデジタルが行うことは大いにあり得るが、デジタルを中心に社会を構想して、その先にリアルを置くというのでは主従の関係を取り違えることになる。

エディション4の時代に、インターネットは生き残るのか、そしてもし生き残るとしたら、それがどのようなインターネットになるのかはわからないが、「地球に暮らす生物としての私」というリアルは、数十年で変わるものではない。エディション4の時代には、リアルな世界での有限な時間の使い方を、今よりも深く考えることになるだろう。その先にある、デジタルとアナログの間に、次の時代の答えが潜んでいる。

第6章　エディション4時代を私たちはどう生きるのか

1　「覚醒した個人」の時代の到来

いい意味でも、悪い意味でも、いよいよ個人の時代が本格化している。いい意味というのは、地球社会の中で個人が十分な力を持てるような環境や技術が備わったということである。今という時代は、人類史上類をみないレベルで、個人が個人として動くことのできる時代である。

悪い意味というのは、もはや個人以外に頼るものがないということである。エネルギー制約の時代には、国家も国際機関も、最後の最後は頼りにならない可能性が高い。世界を見渡してみれば、信じていた自国の通貨がある日突然無効になったり、なんだかんだいっても頼りにしていた国家そのものが崩壊してしまったり、という状況に直面する人びとがいる。望んでもいないし、予測すらしていなかったが、そういう状況と向き合わなくてはいけなくなったのである。日本がそうなると言っているわけではないが、そうならない保証などどこにもない。そのくらい、世界のこの先は混沌としている。

「右肩上がりの明るい未来」は過去のものとなってしまった。これからやってくるのは、「先行き不透明な混乱期」である。「変わらない」代名詞であったアラブ諸国で一気に政治変動が起こったり、イギリスがEUから離脱するという決定を下したり、先進国でいくつもの銀行が倒産しかかっていたりなど、これからますます「常識」や「既存の枠組み」では説明が難しい事象が増えていくことになるだろう。

社会のように連続性のある複雑なシステムには、大別すると「安定期」と「混乱期」の2つがある。これまでの日本社会を見てみると、長らく年功序列型のいわゆる「終身雇用」が支配的だった。年金や医療、福祉などの社会保障制度も概ね順調に機能してきた。ところが、人口の増加や経済成長といった、これらを機能させてきたシステムの前提が崩れてしまった。日本はすでに人口減少時代が始まり、少子高齢化も進んでいる。経済成長も長らく停滞しており、この先のエネルギー制約を考えると、これまでのように成長し続けることは期待できない。

世界的に有名な大企業であっても、突然の破綻リスクに晒されている。こんな状況なので、「入社すれば将来が約束されている」と思われていた大企業でさえ、リストラせざるを得ない状況が続いている。これまでと同じような今日があり、今日と同じような明日が繰り返されることになる「安定期」には、安定期に最適な成功モデルを多くの人が追い求めた。そこでは、いい高校、いい大学、いい会社という直線的なモデルが念頭におかれ、その一直線上での競争の勝敗が人生を決めると考えられてきた。

勝敗を分けると考えられてきたのが、大学間序列での自身の位置づけである。どの大学に入学するのかが極めて重要であって、大学にさえ入学すれば後はその大学のレベルに応じた「その後の人生」が約束されているものだと信じられてきた。大学のレベルに応じた会社に入れば年功序列型終身雇用が保障され、定年後は国の年金や医療保険制度に守られ、人生のゴールまでの道筋が見える安心感に浸ることができたのである。

「安定期」であれば、そのような人生選択も悪くはなかった。ところが、これからやってくるのは「混乱期」である。混乱期には、この直線的なモデルは機能しなくなる。それが、混乱期の定義でもある。人生を保証してくれるはずだった学歴も、会社も、さらには国家も頼りにならない中で、最終的に頼るべきは自分自身である。不確実な時代の投資先として、確実で、最も投資効率の良いのは、自己投資だと言われる。一度自分のものにしてしまえば、誰も奪うことができないし、失うこともない。

自分で自分のハンドルを握る

あたり前のことながら、安定期に忘れてしまいがちなのは、自分の人生は自分しか歩むことができないというシンプルな事実である。人生を車の運転にたとえるならば、ハンドルを握ることができるのは自分自身しかいないはずなのに、あたかも助手席に座っているかのように振る舞ってはいないだろうか。運転を、企業の肩書きや世間の風潮に委ねてしまい、それで安心してしまってはいないだろうか。「安定期」の日本であれば、こうした「自動運転技術」もそれなりの精度で機能したかもしれないが、「混乱期」にはあまり頼りにならない。

いつかは必ず握らなくてはならないハンドルは、早いうちに握っておいた方がよい。非常時になってからはじめてハンドルを握っても、パニックに陥ってしまうだけだろう。それほど波が荒くないうちから、人生を操縦するということになれておくことが重要である。

今、世界を見回して、すべてがうまくいっていると思うことはできないだろう。何かが変わりはじめている。冷静になって考えてみれば、そのことに気がつかない人はいないはずである。「問題ない」と思っている人は、冷静になって見つめられないような魔法に未だにかかっているか、目をつぶってあえて見ないようにしているかのどちらかだろう。あるいは、まだまだ右肩上がりを続ける方法があると信じている人は、地球が有限であるという現実を過小評価している。現代人が手にしてしまった技術や文明の前では、地球はそれほど大きな存在ではないのである。

本書では、エディション3の時代に「あたり前」だと信じられるような事柄について、それらは決して「あたり前でない」と説いてきた。いずれ消えゆく魔法だったら、早いうちに醒めておいた方がよい。

第5章でリアル中心主義の話をしたが、自律・分散・協調というインターネットの秩序を形成している原理は、デジタルな空間にのみとどまっているのではなく、エディション4時代には、リアルな社会に飛び出し、困難な時代の社会の秩序形成を担う可能性がある。エディション3時代が、中央集権的でトップダウンのガバメント型秩序形成の時代だったとしたら、エディション4時代は、分権的でボトムアップのガバナンス型秩序形成の時代となる可能性に溢れている。ガバメントがますます機能しにくくなる中、この可能性をものにできなければ、待っているのはカオス的混乱となってしまう。

自律・分散・協調型ネットワークの各構成単位は、街であったり、組織であったりと大小含め多種多様なものがあって構わないが、究極的な単位は個人そのものである。これからは群れの中の一人としての個人ではなく、人生のハンドルを握り、自分の人生を自分で操縦しているような個人が、あらゆる場面で求められていくことになるだろう。自立して自律できる個人が、分散しながらも協調することで作り上げる秩序に期待したい。

本章の冒頭で述べたように、今ほど、個人が自由に動き回れる時代はない。物理的な意味で、いつまで自由に動き回ることができるかはわからないが、今はまだ、個人が個人として活躍するには恵まれた環境が維持されている。あとは、覚悟を決めて目覚めるか、目をつむって寝たふりをし続けるかの違いだけである。これからはあらゆる意味で、「覚醒した個人の時代」なのである。

助手席に座っていると、いつになったら目的地に着くのかと目的地のことばかりに気が向いてしまうが、運転席でハンドルを握っていると、目の前の道路にきちんと対応していくことが第一の関心事となる。目的地は、目の前の道路にすべて対応した結果としてのみ、到達することができる。

よく耳にすることがある、目的地（結果）が重要なのか、過程が重要なのかという問いである。旅行と旅との違いにも、似たところがある。旅行に行くというと、どこに行って何をするのかが重要で、そこまでの経路が問題となることはほとんどない。旅行会社が提示する旅程表には、交通手段と目的地が書き込まれている。ところが、「旅会社」なるものがあるとして、すべての交通手段と目的地が事細かに記された旅程表を提示されたら、それはもはや「旅」とは呼べないと思うだろう。旅をしていれば、スペインに行くつもりだったのに、いつの間にかメキシコに到着してしまったということだってある。スペインに行ったのかメキシコに行ったのかが重要なのではなく、どのような日々を過ごしてそこまで到達したのかの過程が重要なのである。

「自動運転」で大切なのは、目的地である。目的地を入力しなければ、自動運転がはじまることはない。人生の場合は、有名大学だったり、誰でもが知っている大企業だったり、郊外の庭付き一戸建てかもしれないが、それは目的地に過ぎない。目的地にたどり着くまでは、そのゴールがすべてのように思えるが、たどり着いてしまえば別に何ということはない。次第に満たされない思いが募ってきて、次の目的地を目指さずにはいられなくなる。

他方、自分でハンドルを握るという行為は、旅をするようなものである。人生には目的地があるようで、実はそんなものは存在しない。あるとしたら、確実にいつかやってくる死のみである。死を目的に生きるのはバカげている。過程としての日々があって、いつの日か到達するのが死であるはずだ。そう思えば、日々の過程こそが大切だということになるだろう。

何やら人生訓のようになってしまったが、新しい時代の始まりには誰も目指すべき目的地など知らないのだから仕方がない。ただ、動き始めなければどこにも進むことができない。だからといって、闇雲に動けばいいというものではない。重要なのは、「どの方向に向かって」一歩を踏み出すのか、きちんと見極めることである。そうでなければ、ただ手足をバタバタさせているだけになってしまう。

貴重な一歩を踏み出すべき方向をきちんと見極めるには、まず、エディション3時代の様々な魔法から醒める必要がある。信じていたものがほころびを見せ始め、崩れはじめてから慌てては遅い。エディション4時代を生きるのは、「覚醒した個人」たちなのである。

2　リミッターを外してみる

われわれは、知らず知らずのうちに自分の能力を過小評価し、その枠の中にとどまってしまいがちである。自分はこの程度の人間だと、すぐに「リミッター」を設定してしまうのである。

特に、まわりを見回しながら、群れの平均値からズレないようにすることを重視している人にその傾向が強いように思われる。

この点については、ノミにまつわる有名な話を聞いたことがある。ノミは体長の何十倍もの高さにまでジャンプすることができる。一説には、百倍以上もジャンプできるという。そのノミをコップに入れてフタをすると、ジャンプする度にフタにぶつかり、それ以上高くジャンプすることができない。

しばらくその状態を放置した後でフタを取り外すと、物理的にはコップの高さなど優に飛び越えることができる能力を持っているが、フタの高さまでしかジャンプしなくなるという。何度もフタに拒まれた結果、自分の能力にリミッターをかけてしまうのである。こうしたノミが再び元のジャンプ力を取り戻す方法とは、高くまで跳べるノミを同じコップの中に入れてやることだという。隣で高く跳べているノミを見ることで、自分もできると思うのかどうか知らないが、元の跳躍力を取り戻すのだそうだ。

この話は、人間の能力について考える上でも示唆的な逸話である。人間もコップの中のノミと同じように、過去の経験などから類推して、勝手に自分自身の限界を設定してしまう。枠の中に閉じこもって生きようとしてしまうのである。ところがそのリミッターを外してみると、自分自身の潜在力に驚き、これまでに経験したことのないような深い充実感を味わうことができる。

これは、実際に授業を通して学生たちの変化を見てきた経験から、本当にそうだと断言できる。2016年度、国内でのフィールドワーク科目を担当することになった筆者は、海洋冒険家の八幡暁さんとタッグを組み、「沖縄八重山諸島および東京近郊」を舞台としたフィールドワーク科目を開講した。狙いは、自分の足下の自然を知り、地球との関係性を体感することで、「人と自然とのつながり」「自然と自然とのつながり」「人と人とのつながり」について考えを深めてもらおうというものであった。

この講義は4月からの通年科目で、1年間を通して同じ学生たちと付き合うことになる。講義が始まって1ヶ月ほどが過ぎた5月、東京近郊のフィールドとして逗子へ13人の履修学生と共に訪れた。このフィールドワークの前に学生たちに問いかけていたのは、自分たちの足下の自然をどれほど理解しているかという問題であった。例題としてあげたのは、「もし自然災害などで水道がストップしてしまったら、生活に必要な水を調達できる場所をどれほど知っているか」というものであった。案の定、都会で生まれ育った学生たちなので、誰一人として明確な答えを持ち合わせていなかった。それでは、ということで、逗子で水源探しをしてみようということになったのである。

逗子のシンボルでもある逗子海岸には、田越川が流れ込んでいる。川が流れ込んでいるということは、逆に辿っていけば水源にたどり着けるはずだということで、河口から水源まで遡ってみることにした。もっとも、本流をそのまま辿るとかなりの距離になってしまうので、途中からは支流の1つに狙いを定め、水源を目指した。

学生たちには、水源探しの旅をするので汚れてもよい服装で来るようにという指示をしていたものの、そこまでハードなことはさせられないだろうと高をくくっていたようである。はじめは余裕そうな表情をしていた学生たちであったが、途中から水源を求めて本格的な沢登りになってきたあたりで顔つきが変わってきた。汚れてもよい服装であっても、なるべく汚れないようにと努めていたようだが、それでは事が済まないと悟り、靴も手足も泥だらけになる覚悟を決めたとたんに、表情に変化が見られた。一言でいうと、目の輝きが増したのである。全身泥だらけになりながら、水源を探し当て、里山から下りてきた時には、子供のような笑顔を取り戻していた。

沢での彼女たちの叫び声は、「ムリ〜、絶対ムリ〜！」というものであったが、泥だらけになる覚悟が決まった時から、「やってやる！」という目つきになっていった。おそらく、自分の設定していた限界のラインを越えざるを得なくなり、自分ではめていたリミッターを解除したことの効果であろうと思われる。リミッターを外してその先に行ってみると、そこに行ったものでなければ味わえない喜びや達成感が待っている。

一度はリミッターを外す喜びを知った彼女たちであったが、時間が経つとまた自然とリミッターが復活する。これは、筆者も含め誰でも同じことだと思う。何度かリミッターを外す経験をすることで、意識的にリミッターのコントロールをできるようになることが重要である。そのことをさらに学ぶために、夏には同じ学生たちと、沖縄の石垣島と西表島でのフィールドワークも行った。

再び、自分自身が設定しているリミッターと向き合わざるを得なかったのは、西表島での経験だった。山、川、海が水を通してどのようにつながっているのかを理解するために、逗子での経験と同様に、西表島を流れる仲間川の源流についても河口から遡ることにしたのである。仲間川では、徒歩ではなくシーカヤックを使って河口から源流まで行くことにした。

学生たちは何をやるかも、どの程度の行程かも事前学習を通して理解していたが、川の流れに遡って約8キロを自分の体のみを使ってこぎ続けるとはどういうことなのか、体で理解しているわけではなかった。どうやら、ここでも彼女たちは、まさか全員で行うアクティビティでそこまでキツいことをやらされることはないだろう、と漠然と考えていたようである。こぎ始めてすぐに、何人かの顔が曇り始めた。これは相当大変なことだと悟ったのだろう。しかし、一度出発してしまえば、やり遂げない限り川の途中で途方に暮れることになる。ここでも、自分がはめていたリミッターを解除しなければならなかった。最終的には、無事全員が往復16キロを漕ぎきってゴールすることができた。

翌日は、同じ河口からスタートし、川の水が海に流れ込んでいく先を理解するため、小さな無人島までシーカヤックで往復することになっていた。初日が終わり、疲れからすでに翌日チャレンジする気力を失っているかと思ったら、夜のミーティングで全員が、無人島ビーチまでの往復も挑戦したいと言ってきた。今度の航海も、途中であきらめてしまっては大海原に取り残されてしまう。中には、手が痛すぎて途中から普通に漕ぐのが難しくなってしまった学生もいたが、「最後まで自分の力で漕ぎきりたい」と、曳航の申し出を何度も拒否してゴールを果たした。終わってみれば、2日間でほぼ山手線一周と同じ35キロほどを人力で漕ぎきることに成功した。

知識を知に変換する

このように、自分自身で気がつかない間にリミッターを設けているのだということに意識的になると同時に、リミッターを外した先に待っている世界に味をしめた学生たちは、日々の行動にも変化が現れるようになった。夏を経て秋になり、後期がはじまった時には、「やってみる」ということに強い意識が働くようになっていた。

「やってみようと思っている」と「やってみた」との間には、大きな溝がある。「やってみようと思っている」人に成長は訪れないが、「やってみた」という経験を積み重ねる人はどんどん成長していく。「やりたいとは思うけどムリかな」と思うことをやめ、「やってみる」「実現させる」と具体的な行動を起こしはじめた学生が数多く現れた。

人がより善く生きていく上で、実践は重要なキーワードとなる。このことを教えてくれたのは、イスラーム圏で暮らした経験だった。イスラームでは実践を重視する。「思っている」だけでは評価されず、「行動」を伴う必要がある。重たい荷物を持っているお年寄りを見かけた際、「助けてあげようという気持ちがあった」というだけでは評価されず、「実際に助けてあげた」という実践が重要なのである。イスラームの信仰に忠実であり、善く生きようと「思っている」だけでは不十分で、実際に善く生きるための行動を起こしたかどうかが問われることになる。

知識と知は、似ているようで異なる。エディション4時代を生き抜く上で重要なのは、知識を知に変え、自分のものとしていくことである。知識を知に変える上で有用なのが実践である。書物やインターネットを通して得た様々な知識の断片は、五感を通して得られた体験・経験と混じり合うことで、確かな何かへと変わっていく。インターネット全盛の時代だからこそ、フィールドで本物に触れ、実践を積み重ねていくことの意義は大きい。

エディション3時代の成功物語に、いい大学、いい会社モデルがあり、どの大学に入るかがカギを握っていたのだとすれば、そこでは受験を突破するための知識が重要であったかもしれない。エディション4時代を考える上で、知識が不必要だと言うつもりはない。知識は重要である。問題は、知識だけでは不十分、知識だけでは乗り切れない時代がやってきたというところにある。新しい時代を生き抜くためには、「知識」よりも「智慧」、そして思いを具体化する「行動力」「実践力」が求められることになるだろう。

そのためには、自分自身がはめ込んでいる「リミッター」と向き合う必要がある。世の中の変化、時代の潮流を、「世間の常識」や「メディアの論調」など他人の判断に任せるのではなく、魔法から醒めた冷静な目で見つめ直し、自分の頭で判断した方が良い。「覚醒した個人」となるためには、一度リミッターを取り払い、思い込みなしで世界を見つめてみるという姿勢が何よりもまず重要である。その先に見えてくる行動が、その人にとってのエディション4時代の始まりとなるだろう。

3　技と技術の融合

本書で何度も述べているように、エディション3時代の先にあるものが、エディション2時代への回帰ではなくエディション4時代という「次の時代」であるためには、エディション3の産物を無視するわけにはいかない。かといって、エディション3を進化させることでエディション4の時代が訪れるとも思わない。おそらく重要なのは、エディション3以前にあったものとエディション3の産物とを融合し、掛け合わせるという視点であろう。

原点はやはり、「有限な地球に暮らす生物としての人間」というシンプルな事実である。どれほど科学や技術が進歩したとしても、よほどのことがない限りこの原点が崩れることはない。技術は、生物としてのわれわれを生きやすくしてくれるかもしれないが、根本原理を覆すことはできない。根本にあるのはリアルな存在としてのわれわれであって、デジタルな世界で半永久的に生きるというわけにはいかない。

そんなわれわれに必要とされているのが、衣食住である。こうした生物としての根源的な欲求が満たされたあとで人間が欲するのは、教育と医療ではないだろうか。この2つに関わる技術は、近年急速に進化を遂げている。どちらも、コンピュータの果たした役割は大きい。

eラーニングは、先進国と発展途上国との教育機会の格差を縮める可能性を秘めているし、人工知能分野の発展は、コンピュータが肩代わりする仕事領域を押し広げている。医療分野においても、遺伝子工学の発達は目覚ましい。筆者も試したことがあるが、唾液を採取して送るだけで、200種類以上もの病気の発症リスクや体質情報を遺伝子から診断してくれるようなサービスもはじまっている。脳内物質の解析も進み、脳内の状態をコントロールすることで気持ちをコントロールしようとする方法も編み出されている。果たして、エディション4の時代に、どれほどの技術を利用し続けることができるのかはわからないが、こうした先端的な技術が社会的問題の解決に役立つ可能性は高い。

前近代的なものとのハイブリッド

他方、科学や技術が現代のように発達した今でもまだ、生き残っている前近代的なものにも可能性があるように思われる。エディション3の時代にあっては、前近代的なものは「非科学的」としてマイナスのレッテルを貼られることが多いが、時間というフィルタをくぐり抜け現代にまで生き残っているものには、それなりの意味がある。

学生たちとニュージーランドでのフィールドワークをした際、3日間にわたって原住民であるマオリ族の人々にワークショップを開催してもらったことがある。そのうちの1日は、「薬草」をテーマとした。現代社会を生きるマオリ族は、もちろん現代医療のお世話にもなるのだが、薬草を用いて病気に対処することもある。このワークショップでは、実際にマオリ族の聖地とされる場所に連れて行ってもらい、複数の薬草を採取しながらその効用についての説明を受ける機会があった。

もっとも、現代のマオリ族でなくても、われわれはごく日常的に前近代的なものと近代的なものとのバランスをとりながら生活している。眠りにくい夜、睡眠導入剤に頼るという選択肢もあるかもしれないが、カモミール茶を飲むことで対応しようとする日があってもよい。また、喉など呼吸器系のトラブルに対して、近代的な医薬品のかわりにティーツリー・オイルを用いる日もあるはずだ。蚊に刺されてかゆい時には、虫刺され薬でなく、塩を塗りつけてもかゆみをとることができる。

自分が弱い存在になった時に、国家のありがたみを感じることは多い。病気にかかった時に、健康保険制度に守られ、比較的安い値段で現代的な医療を受けられた時など、そのことを痛感する。おそらく、現役を退き年金以外の収入がなくなった時にも、同様のありがたさを感じることになるのだろう。

しかし、こうした制度も永遠のものではなく、エネルギー制約が効けば効くほど崩壊圧力が高まっていくのだとすれば、なるべく早いうちに医療にまつわる技術を自分のものにしておく必要がある。突然医者になるわけにはいかないので、医術を手に入れるというのではなく、なるべく医療のお世話にならずに済むように健康管理をしておくことも、エディション4的な生き方としては重要ではないかと考えている。

実はつい最近、人生で初めて救急搬送されてしまった。仕事中に突然激しいめまいに襲われ、大学の研究室で倒れてしまったのである。その時ほど、この国の救急医療体制の充実ぶりに驚くと共に感謝したことはなかったが、その後の療養過程では西洋医学と東洋医学との関係性を考えさせられた。

ＣＴでもＭＲＩでも脳の異常は認められず、その点はホッと一安心であったのだが、めまい感や難聴感はいっこうに治まらなかった。めまい外来の専門家、耳鼻科、心療内科など、関係しそうな医療機関を次々と訪問したのだが、「異常は認められない」という診断と共に、どの医療機関でも複数の薬を処方されるだけで終わってしまった。最後の方は、一日に飲む薬の量だけが増えていって、もはや何の薬を飲んでいるのかを忘れてしまうほどであったが、なかなか症状は改善しなかった。

仕事にも支障が出るような状況だったので、どうしたものかと思っていた時に、理学療法士の資格を取得した後、現在は整体師をしている友人のことを思い出した。わらにもすがるような気持ちで施術をお願いしてみたところ、どうやら私には合っていたようで、比較的短期間で症状の改善がみられた。しばらくしてから薬を常用する必要もなくなり、その友人には感謝している。体については人それぞれなので、常に東洋医学が勝っているとも思わないが、両者のハイブリッド型はエディション4的だなと感じている。

病気の状態（医療機関のお世話にならなくてはいけない状態）の前の段階にとどめておくということでは、この10年間興味を持ち続けてきたのが「何をどう食べるのか」という「食」にまつわるいろいろであった。

はじめに興味を持って、自分の体を使って「人体実験」してみようと思ったのは、ヴィーガン（vegan）食であった。ヴィーガンは、厳格なベジタリアンというような形で、肉、魚、卵、乳製品など動物由来のものを口にしない。動物愛護や現代の畜産業のあり方に疑問を持つといった社会的な主義主張とも関連が深いため、食べ物だけではなく身につけるものも皮革製品を持たないなど、動物由来のものを避けようとする人もいる。筆者の場合は、特にそのような社会的主張がしたいということではなく、単純にその食のあり方に興味を持ったので、試してみることにした。

ヴィーガン主義自体は、それほど健康や医療に関する知見を体系化して、日々の食事と結びつけようということではないが、この時の経験は、エディション3的な食糧生産全般に対して意識を向けることに役立った。やってみると、確かに体重をはじめ体の変化を感じることも多く、食と体との結びつきを強く意識するようになった。

その後、より体への意識が高まっていくと、今度はマクロバイオティック食に興味を持つようになった。マクロバイオティック食は、日本で行う場合は玄米菜食が基本であり、要は「昔の日本の和食」とほぼイコールといった感じである。陰陽のバランスなどを含め、いくつもの理論が確立されており、病気をした際の「食を通した体の手当て」についての知見も蓄積されている。

子供が生まれてからは、玄米を子供が消化できるようになるまでは一時中断しようということでマクロバイオティック食からは離れているが、「食を通した人体実験」には相変わらず興味を持ち続けており、小麦粉を摂らない「グルテンフリー」の食事や、「一日一食」などの食事法も試し続けている。食事や健康についても、エディション2的なものとエディション3的なもののハイブリッドの先に、エディション4的なるものがあるのではないかと、現在でも探求を続けている。

エディション4時代にはこのような形で、昔ながらの「技」と現代的な「技術」との「合わせ技」といった志向による問題解決策を探ることが求められるのではないだろうか。

4　時代のナミノリ

われわれは今、時代と時代との狭間を生きている。1つの時代が終わろうとしており、1つの時代が始まろうとしている。この変化は不可避であると同時に、とてつもなく大きい。目の前に、時代の大きな波が迫っているという状況にある。

これほどまでに大きな波に直面した際、われわれが取り得る選択肢は2つのみである。この波が不可避であるとして果敢に挑戦してナミノリを楽しむか、逆に波に飲まれて溺れてしまうかのどちらかである。あまりにも大きな波なので、関わりを持たないという選択肢はない。

ナミノリに関しては、はじめてサーフィンのレッスンを受けた時に学んだことがある。筆者は日常的にサーフィンを楽しんでいるわけではないが、ハワイに滞在している際、全日本チャンピオンになったこともある女性プロサーファーにマンツーマンでロングボードを教えてもらう機会に恵まれた。彼女が言うには、「初心者にとっては、日本よりもハワイの波の方がのりやすいと思うよ」とのことであった。確かに初めての素人であったが、わりとすぐにボードの上に立つことができた。この時に感じたのが、本物のナミノリも、時代のナミノリも、波にのるためのコツは一緒かもしれないということであった。

第1のポイントは、のるべき波を見極めなくてはならないということである。沖合に出て行って波が来る様子を眺めていると、いい波かなと思ってその後の行方を見ていると途中で崩れてしまったり、特に反応しなかったような波がその後いい形になったりという経験をすることになる。何度も経験を積み重ねることで波を見極める目が養われるのだと思うが、素人にはこれが難しい。失敗を重ねつつも、波を見極める目を養う必要がある。

第2のポイントは、のるべき波だと一度決断したならば、実際に波が自分のところにやってくるよりも前にパドリングを開始して「助走」をはじめていなくてはならないことである。波が来たからといきなり立ち上がっても、波にのることはできない。波のスピードに合わせて、きちんと助走をしていなければいけないのである。

第3のポイントは、波にのっている間は、目的地の方向に向かって遠くを見ていなくてはいけないということである。すぐ下のサンゴがきれいだからといって自分の足下を見てしまうと、とたんにボードから転げ落ちることになる。

実際のナミノリから学んだポイントは、時代のナミノリをするにあたってもどれも示唆的である。おそらく、人生において何かを決断する時には、タイミングというものが重要である。どんなに優れたプランであっても、タイミングが合わなければうまくいかないものである。一見良さそうな波に見えても、すぐにのってしまうのではなく、時にはやり過ごす勇気も必要である。とはいっても、やり過ごしてばかりでは、いつまでたっても波にのることはできない。やり過ごす波とのるべき波をきちんと見分ける必要がある。

のるべき波がやってくる時に備えて、「助走」をはじめておく必要もある。実際のナミノリと同様に、いきなり波にのることはできない。のるべき波がやってくるよりも早いタイミングで動き出さないといけないのである。

最後のポイントも含蓄が深い。一度のると決めて、波の上にいる間は、自分の進むべき方向を見据えて視線を遠くにやっておく必要がある。短期的な視点で目先のことばかり見ていると、波にのりきることはできないという教訓であろう。

身軽でいること

どうなるのかよくわからない時代には、直感も重要である。頭で考えた結論に対して、心がNOと言うことはある。逆もまたあるだろう。頭ではどう考えてもNOなのだが、妙に心が動かされるといった具合である。直感を信じて後悔した経験も、成功した経験もあるだろう。失敗する確率を下げ、成功する確率を上げるためには、直感の精度を上げておく必要がある。いざという時、直感を信じることができるように鍛えておくという姿勢が大切になる。

この点について、もちろん筆者も十分であるわけではないが、なるべく心がけていることがある。それは、できる限りノイズを排除し、シンプルにしておくという態度である。直感は、自分自身のアンテナを鋭敏にしておかないと働かない。ノイズだらけでは感覚が麻痺してしまい、ちょっとした変化を察知できなくなってしまう。また、多すぎる情報は決断力を鈍らせる。

エディション3時代は、「得る」ことが価値につながったかもしれないが、エディション4時代は、「捨てる」ことの先に価値が潜んでいると信じている。特に、モノや情報が溢れかえる現在においては、得ることより捨てることの方が何倍も大変なことである。得すぎて身動きがとれなくなる前に、無駄なモノを削ぎ落としていって、いつでも動きがとれるようなスリムさを手に入れておくことは武器になるだろう。

最近では、ミニマリズムへの支持も広がっている。ミニマリストたちは、多くを所有することなく、限られたモノだけで生活を行っている。ミニマリストの部屋には殺風景なほどモノがなかったりするが、それだけ気にしなければいけないモノが存在しないということでもある。モノを減らすことは、心の状態を整える上でも効果があるという。確かに考えてみれば、人間が生活する上でそれほど多くのモノは必要ない。エディション4的な感覚を鍛えるために、ミニマリズムの思想を取り入れてみるのも有用だろう。エディション4時代を構想しつつ、何が自分にとって必要で、何が必要ないか吟味して厳選しておくことは、モノの本質を見極める上でも役に立つ。

余分なモノを削ぎ落とし、身軽でいることは移動可能性を高める。エディション4の時代が本格化すると今と同じような感覚では動けないようになるかもしれないが、筆者自身は、動けるうちにどんどんと動いて、経験値を上げておくことが重要ではないかと考えている。動けなくなる時代の到来に備えて、今のうちに動いておこうという戦略である。

本書でも繰り返し述べているように、創造的なアイデアは異質なものに出合った時に生まれるように思う。身の回りにある「あたり前」のものに囲まれていると、斬新なアイデアは生まれにくい。あの時に見た何かと、また別の時に経験した何かを掛け合わせるような思考は、同じ場所に留まって考えているだけでは生まれにくい。掛け算のもとになるような要素を自分の思考の引き出しにたくさんしまっておくためにも、移動できるうちに移動をし、異なる文化や考え方に触れ、現地でしかできない体験を重ねることは重要ではないかと思っている。

まずは個人が変わる

エディション3の時代とエディション4の時代とでは、自由の概念が変わってくる可能性もある。移動の例のように、エディション3時代にごく当たり前であった自由が、エディション4時代には必ずしも自由でなくなる可能性もある。世の中の自己啓発本には、よく「自由に生きなさい」といったフレーズが登場するが、エディション4時代には物理的な意味での自由さは今に比べると随分と制限される可能性が高い。国家が国家としての一体性を保持しようと統制の度合いを強めれば、今認められている自由の一部は簡単に失われてしまうだろう。

このようなことを考える際、よくシリアに住んでいた時のことを思い出す。当時のシリアでは、多くの自由が制限されていた。国際的な人権NGOであるフリーダムハウスの指標において、政治的自由に関しても市民的自由に関しても、シリアの自由度は世界でも最低ランクに位置していた。確かに問題だらけであるし、外国人である筆者でさえ相当の息苦しさを感じるほどだったので、シリア人にしてみれば頭にくることばかりだったと思う。

こうした問題は確かに看過できないものであるには違いないのだが、当時よく、人が人として幸せに生きるとは何だろうとも考えていた。日常生活における笑顔の総量ということについては、シリア人はそれなりにレベルが高い。日本でどんどんと薄れつつある家族団らんの時間や、ご近所コミュニティとのつながりも、色濃く残っていた。市場では、日本のように季節を問わず豊富に野菜が売っているという状況になく、季節ごとの野菜しか売っていないのであるが、旬のものを旬のうちに食べるのが安くて美味しいというあたり前のことにも気がついた。喜怒哀楽もストレートに表現し、人間が人間らしく生きるということに関して、とても素直な人たちだったように思う。

政治的な問題に目をつぶって、日常の小さな幸せをクローズアップするというのは、問題を矮小化する行為として非難されるかもしれない。それでも、人類史を振り返ってみると、「地球で暮らす生物としての人間」とは、現代的な感覚から見れば「不自由」の中で生きてきた生き物かもしれないと思う。エディション3時代に人類が獲得した人権、自由、民主主義といった概念はどれも素晴らしいものであると思っているが、同時にそれらは、右肩上がりに余剰エネルギーを増大させることができる「特殊な時代」にしか成り立たないものであったのかもしれないという思いもよぎる。

政治的、市民的自由が制限されても、人間の尊厳まですべてが潰されてしまうわけではない。社会的な自由が制限されていく時代だからこそ、精神的な自由の確保に今以上に真剣に向き合わなくてはいけない。世界史に残るような高貴な人々は、たとえ牢獄の中で囚われの身になったとしても、人としての尊厳も、精神的な自由も、未来への希望も失うことはなかった。

「民主主義の不況」は、これからより深刻になるに違いない。20世紀を通して1つひとつ獲得していった権利が、今度は逆に1つひとつ奪われるかもしれない状況に直面している。排さなくてはならないのは、「0か1か」という思考である。仮にわれわれに与えられた権利の一部が奪われたとしても、簡単にあきらめてはならない。あきらめてしまっては、より多くを失ってしまう。毅然とした態度で、粘り強く、守るべきものを守っていくという態度が求められることになるだろう。エディション3時代に獲得し得た権利を、エディション4時代にどれだけ引き継ぐことができるかは、社会の構成員一人ひとりの決意にかかっている。

「困難な時代」において、いかに精神的な自由を保ちつつ、充実した人生を歩んでいくかは、これからわれわれが取り組まなくてはならない課題である。多くを求めず諦観の境地に達することができればよいかもしれないが、それが難しくても決して悲観的にはならない方がよい。小手先の技巧に頼ることなく、ドッシリと構えて素直に真っ直ぐ生きることが基本だろう。無理に楽観視する必要もないだろうが、前向きで未来志向のマインドセットを整えておくことは重要である。思考から感情が生まれ、感情から行動が生まれると言われる通りである。

ガンジー（Mahatma Gandhi）は、「人間はその人の思考の産物に過ぎない。人は思っている通りになる」という言葉を残したという。思考が現実を作り出すというのは、おそらくこの世の中の真理なのだと思う。彼の有名な言葉には、「あなたがこの世で見たいと思っている変化に、あなた自身がなりなさい」というものもある。同様に、イスラームの聖典であるクルアーンにも、《人が自らを変えない限り、決してひとびと（の運命）を変えられない》（雷電章11）という章句がある。社会を変えたいと思ったら、まずは自分自身が変わらなくては何もはじまらない、ということも、この世の中の真理であるに違いない。

「あたり前」を疑うことなく、この時代の「常識」にとらわれたままでは、変わるきっかけを逸してしまう。変わらざるを得なくなってから変わるのではなく、変われるうちに自分の意思で変わった方がよい。世の中の風潮に自分の人生をコントロールされるのではなく、自分の人生のコントロール権は自分で握るという決意が重要である。

社会を変えるためには個人が変わらなければならないのだから、これからやってくるエディション4時代を確かなものとして作りあげていくためには、一人でも多くの「覚醒した個人」が必要となる。一人でも多くの本書の読者が、その一人として名乗りを上げてくれるのであれば、著者として望外の喜びである。

あとがき

時代の転換点に身をおくとは、どのような気分なのだろう。子供の頃から、歴史の本や教科書に触れる度、そこに生きた人々の思いを空想することが好きだった。江戸時代が終わり明治時代が始まった時、人々は何をどう思ったのだろう。第２次世界大戦の前と後を生きた人は、晩年になって自分の人生をどのように振り返るのだろうか。

これまでの常識が、常識でなくなる。そのことを強烈に覚えているのは、14歳の夏、約１ヶ月のホームステイを経験するために、オーストラリアを単身で訪れた時のことだった。シドニーで乗り換え、小型機で滞在先のタウンズビルという小さな街の空港に到着し、飛行機のタラップを降りた時に見た空。そこには、これまでの人生で見たことのない青さと広さを兼ね揃えた空間が広がっていた。

南半球というのもよかった。出発地の日本は夏でも到着した先は冬だったし、（観光用とはいえ）南半球が上で、北半球が下に描かれた世界地図も見た。

「世界は広い。自分の思っている常識は、常識でないかもしれない。世界のことをもっと知りたい」

この時の思いは、今でも変わっていない。

時代が転換点を迎えると、常識が常識でなくなる。過去の歴史に想いを馳せる時、時代の変革期に生きた人々の苦労や戸惑いを想像してこちらまで苦しくなることもしばしばであったが、正直に言えば、心のどこかで「うらやましい」と思っている自分もいた。困難という言葉では表せないくらいの困難であったと頭ではわかっていても、歴史の証人となるような経験を生きているうちにできることに、どこかワクワク感を禁じ得なかった。

今、世界は、転換点を迎えようとしている。自分が子供の頃に空想されていた21世紀とは随分と違う形になりそうであるが、この先の世界は、激動の渦に飲み込まれそうである。エネルギー投入量の増大しか知らなかった近代が、思うようにエネルギーの投入量を増やせない時代に突入すると、一体どのようになってしまうのだろう。

結末は、後世の人しかわからない。期せずして、時代の転換点を生きることを余儀なくされたわれわれは、とにかく目の前の現実と日々向き合っていくしかない。生きるというのは、そういうことなのだろう。生を与えられるという幸運を得た人は、同時に死も引き受けなくてはならない。どうせ死ぬだけなのだからと投げやりになるのではなく、いつかは死んでしまうからこそ、ただ生きるのではなく、善く生きることにこだわってみたい。

＊

幸いにして筆者は、限りある人生を善く生きようとしている人たちに囲まれた生活を送っている。勤務先の清泉女子大学は、キリスト教ヒューマニズムを建学の精神として掲げていることもあり、共に働く教職員はみな、他者を思いやるための強さと優しさを兼ね備えている。競争や自己の利益がむき出しになりがちな世の中で、それとは一線を画した雰囲気と環境の中で仕事ができるということは、本当に幸せなことだと思う。この場を借りて、同僚諸氏にお礼を申し上げたい。

また、本書刊行にあたっては、清泉女子大学の教育研究助成基金より出版助成を頂いている。本書を世に出すにあたり、資金的な援助を頂いたことに対しても、お礼を申し上げたい。

師匠である草野厚先生（慶應義塾大学名誉教授）からも、常に大きな刺激を頂いている。学部生、大学院生時代、よく草野先生から「汗をかきなさい」と忠告を受けた。地道な努力を大切にしなさい、という意味である。草野先生自身、その言葉を体現するかのように、膨大な量の新聞の縮刷版を一枚一枚丁寧にめくりながら研究を進めていた。その後ろ姿を、今でも鮮明に覚えている。まだまだ「汗をかき足りていない」と叱られてしまいそうな筆者ではあるが、少しでも草野先生に近づけるように、これからも汗をかくことを厭わないような生き方をしてみたい。そう強く思わせてくれる草野先生に、改めて感謝申し上げたい。

社会科学の視点からの研究を続けていた筆者に、自然科学の視点から見る地球の姿を教えてくれたのは、石井吉徳先生（東京大学名誉教授・元国立環境研究所所長）である。門外漢である筆者にわかるよう、噛んで含めるように見つめるべき問題の本質を何度でも繰り返し教えて下さった。「生涯現役」を貫くかのような旺盛な好奇心と、精力的な活動を続けていらっしゃる様子に、多くを学ばせて頂いている。石井先生をはじめ、もったいない学会の諸先生方にも、この場を借りて日頃の感謝を申し述べたい。

本書執筆の機会を下さったのは、花伝社の佐藤恭介さんである。清泉女子大学で開催されたシンポジウムの懇親会で声をかけて頂き、お話をしているうちに、出版のご提案を頂くことになった。佐藤さんとは同世代ということもあって、すぐに意気投合することができた。企画についての打ち合わせの時間も、とても楽しいものだった。遅筆の筆者を辛抱強く待ってくれ、絶妙のタイミングで励ましの言葉をかけて下さったのも佐藤さんであった。佐藤さんと共に本作りに携われたことを幸せに思うと共に、格別の謝意を表したい。もちろん、謝りや遺漏はすべて筆者の責任である。

新しいことや未知のことを怖れるよりも、面白いと思ってくれ、「とりあえずやってみよう」という筆者に、「いいね」と真っ先に付き合ってくれるのは、妻の香織と娘の芽実である。筆者と共に、「生きる」ことを楽しんでくれる家族がいることは、大きな心の支えとなっている。二人にも感謝しつつ、三人で力を合わせながら、自分たちのエディション4時代を切り拓いていきたいと思う。

２０１７年2月
信州・松本の自宅にて

山本達也

参考文献

Deffeyes, Kenneth S., *Hubbert's Peak: The Impending World Oil Shortage*, Revised and Updated Paperback Edition, Princeton University Press, 2001.

Deffeyes, Kenneth S., *Beyond Oil: The View from Hubbert's Peak*, Hill and Wang, 2005.

Diamond, Larry and Marc Plattner(eds.), *Democracy in Decline?*, Johns Hopkins University Press, 2015.

Ghonim, Wael, *Revolution 2.0: The Power of the People is Greater than the People in Power*, Fourth Estate, 2012.

Heinberg, Richard, *The Party's Over: Oil, War and the Fate of Industrial Societies,* New Society Publishers, 2003.

Heinberg, Richard, *Peak Everything: Waking Up to the Century of Decline in Earth's Resources,* Clairview Books, 2007.

Heinberg, Richard, *Blackout: Coal, Climate and the Last Energy Crisis,* New Society Publishers, 2009.

Heinberg, Richard, *The End of Growth: Adapting to Our New Economic Reality,* New Society Publishers, 2011.

Hirsch, Robert L., Roger H. Bezdek and Robert M. Wendling, *The Impending World Energy Mess: What It is and What It Means to You,* Apogee Prime, 2010.

Iglesias, Pablo, *Politics in a Time of Crisis, Podemos and the Future of a Democratic Europe,* Verso, 2015.

Judis, John, *The Populist Explosion: How the Great Recession Transformed American and European Politics,* Columbia Global Reports, 2016.

Korowicz, David, *Trade-Off: Financial System Supply-Chain Cross-Contagion : A Study in Global Systemic Collapse,* revised version, Metis Risk Consulting & Feasta, 2012.

Kunstler, James H., *The Geography of Nowhere: The Rise and Decline of America's Man-Made Landscape,* Simon and Schuster, 1993.

Kunstler, James H., *The Long Emergency; Surviving the End of Oil, Climate Change, and Other Converging Catastrophes of the Twenty-First Century*, Grove Press, 2005.

Kunstler, James H., *Too Much Magic: Wishful Thinking, Technology, and the Fate of the Nation*, Atlantic Monthly Press, 2012.

Loader, Brian D. and Dan Mercea(eds.), *Social Media and Democracy: Innovations in Participatory Politics,* Routledge, 2012.

Morozov, Evgeny, *The Net Delusion: The Dark Side of Internet Freedom,* Public Affairs, 2011.

Mudde, Cas, *Populist Radical Right Parties in Europe,* Cambridge University Press, 2007.

Orlov, Dmitry, *Reinventing Collapse: The Soviet Example and American Prospects*, New Society Publishers, 2008.

Rheingold, Howard, *Net Smart: How to Thrive Online,* The MIT Press, 2012.

Rubin, Jeff, *Why Your World is About to Get a Whole Lot Smaller: Oil and the End of Globalization,* Random House, 2009.

Rubin, Jeff, *The Big Flatline: Oil and the No-Growth Economy,* Palgrave Macmillan, 2012.

Skocpol, Theda, and Vanessa Williamson, *The Tea Party and the Remaking of Republican Conservatism,* Oxford University Press, 2012.

Steiner, Christopher, *$20 Per Gallon: How the Inevitable Rise in the Price of Gasoline Will Change Our Lives for the Better,* Grand Central Publishing, 2009.

Tainter, Joseph A., *The Collapse of Complex Societies,* Cambridge University Press,1988.

東浩紀『弱いつながり――検索ワードを探す旅』幻冬舎、2014年。

石井吉徳『石油最終争奪戦――世界を震撼させる「ピークオイル」の真実』日刊工業新聞社、2006年。

ヴェドリーヌ・ユベール（橘明美訳）『「国家」の復権――アメリカ後の世界の見取り図』草思社、2009年。

オルロフ、ドミートリー（大谷正幸訳）『崩壊5段階説――生き残る者の知恵』新評論、2015年。

ギデンズ、アンソニー（佐和隆光訳）『暴走する世界――グローバリゼーションは何をどう変えるのか』ダイヤモンド社、2001年。

シモンズ、マシュー（月沢李歌子訳）『投資銀行家が見たサウジ石油の真実』日経BP、2007年。

シュナイアー、ブルース（池村千秋訳）『超監視社会――私たちのデータはどこまで見られているのか?』草思社、2016年。

ストローン、ディヴィッド（高遠裕子訳）『地球最後のオイルショック』新潮社、2008年。

ターツァキアン、ピーター（東方雅美・渡部典子訳）『石油最後の1バレル』英治出版、2006年。

武田修三郎『エントロピーからの発想』講談社、1983年。

土屋大洋『暴露の世紀――国家を揺るがすサイバーテロリズム』KADOKAWA、2016年。

バラバシ、アルバート＝ラズロ（青木薫訳）『新ネットワーク思考――世界のしくみを読み解く』日本放送出版協会、2002年。

パリサー、イーライ（井口耕二訳）『閉じこもるインターネット――グーグル・パーソナライズ・民主主義』早川書房、2012年。

パワーズ、ウィリアム（有賀裕子訳）『つながらない生活――「ネット世間」との距離のとり方』プレジデント社、2012年。

フリードマン、トーマス（東江一紀訳）『レクサスとオリーブの木――グローバリゼーションの正体　上・下』草思社、2000年。

フリードマン、トーマス（伏見威蕃訳）『フラット化する世界――経済の大転換と人間の未来　上・下』日本経済新聞社、2006年。

ブレイディみかこ『ヨーロッパ・コーリング――地べたからのポリティカル・レポート』岩波書店、2016年。

フロリダ、リチャード（井口典夫訳）『クリエイティブ資本論――新たな経済階級の台頭』ダイヤモンド社、2008年。

ホルムグレン、デビッド（リック・タナカ訳）『未来のシナリオ――ピークオイル・温暖化の時代とパーマカルチャー』農山漁村文化協会、2010年。

山本達也『アラブ諸国の情報統制――インターネット・コントロールの政治学』慶應義塾大学出版会、2008年。

山本達也『革命と騒乱のエジプト――ソーシャルメディアとピーク・オイルの政治学』慶應義塾大学出版会、2014年。

ライアン、デイヴィッド（田島泰彦他訳）『スノーデン・ショック――民主主義にひそむ監視の脅威』岩波書店、2016年。

リフキン、ジェレミー（竹内均訳）『改訂新版　エントロピーの法則――地球の環境破壊を救う英知』祥伝社、1990年。

レゲット、ジェレミー（益岡賢他訳）『ピーク・オイル・パニック――迫る石油危機と代替エネルギーの可能性』作品社、2006年。

レッシグ・ローレンス（山形浩生訳）『コモンズ――ネット上の所有権強化は技術革新を殺す』翔泳社、2002年。

ワッツ、ダンカン（辻竜平・友知政樹訳）『スモールワールド・ネットワーク――世界を知るための新科学的思考』阪急コミュニケーションズ、2004年。

山本達也（やまもと・たつや）
清泉女子大学文学部地球市民学科准教授。一般社団法人 Edition4 Studies 代表理事。NPO 法人もったいない学会理事。
1975 年、東京生まれ。慶應義塾大学大学院政策・メディア研究科後期博士課程修了。博士（政策・メディア）。シリア国立アレッポ大学学術交流日本センター主幹・客員研究員などを経て現職。日本学術会議エネルギーと科学技術に関する分科会エネルギーガバナンス小委員会委員、日本工学アカデミー自然エネルギーのガバナンス検討部会委員などを兼任。専攻は、国際関係論、公共政策論、情報社会論。
著書に、『革命と騒乱のエジプト——ソーシャルメディアとピーク・オイルの政治学』（慶應義塾大学出版会、2014 年）、『アラブ諸国の情報統制——インターネット・コントロールの政治学』（慶應義塾大学出版会、2008 年）、『日本の政策課題』（共著、八千代出版、2016 年）、『政治の見方』（共編著、八千代出版、2010 年）、『ネットの高い壁——新たな国境紛争と文化衝突』（共著、NTT 出版、2009 年）など多数。

暮らしと世界のリデザイン——成長の限界とその先の未来

2017年 4 月 1 日　初版第 1 刷発行

著者 ——山本達也
発行者 —平田　勝
発行 ——花伝社
発売 ——共栄書房
〒101-0065　東京都千代田区西神田2-5-11出版輸送ビル2F
電話　03-3263-3813
FAX　03-3239-8272
E-mail　kadensha@muf.biglobe.ne.jp
URL　http://kadensha.net
振替 ——00140-6-59661
装幀 ——三田村邦亮
印刷・製本—中央精版印刷株式会社

ISBN978-4-7634-0806-8 C0036

都市をたたむ
——人口減少時代をデザインする都市計画

饗庭　伸　定価（本体1700円+税）

フィールドワークでの実践を踏まえて縮小する都市の"ポジティブな未来"を考察

人口減少社会において都市空間はどう変化していくか——。縮小する時代のための都市計画を提起。

地方都市を考える——「消費社会」の先端から

貞包英之　定価（本体1500円+税）

地方都市はどうなる？「地方消滅」「地方創世」の狂騒のなかで

地方都市では何を幸福として何を目指して生活が営まれているのか。日本の人口の４割が暮らす地方都市。ショッピングモール、空き家、ロードサイド、「まちづくり」……。東北のある中都市を舞台に、この国の未来を先取りする地方都市の来し方行く末を考える。